추천사

정명호 목사님은 한국 교회의 차세대지도자입니다.

그의 뛰어난 통찰력은 오늘의 한국 사회와 한국 교회의 문제를 그 근원까지 파악하는 능력이 있습니다. 한 걸음 더 나아가 그는 문제를 해결하는 방안을 가진 전략가입니다. 그와 함께 일할 때마다 감탄하지 않을 수 없었던 것은 그의 통찰력과 대안 제시 능력이었습니다. 앞으로 한국 교회를 다시 일으키는 일을 위한 그의 전략적 역할이 기대됩니다.

정명호 목사님은 그의 설교에서도 깊은 통찰력이 배어 있습니다. 성령님께서 주신 감화를 따라 성경 말씀을 깊이 들여다보는 통찰력과, 교회와 사회의 문제를 관통하는 통찰력이 눈부십니다. 그의 언어는 본문 묘사와 상황 묘사에 적확합니다. 그리고 실제적인 적용을 제시하는 그의 설교는 성경과 성도를 연결하는 건너고 싶은 아름답고 유익한 브리지입니다.

C. S. 루이스는 '교리가 없는 기독교는 물 탄 기독교'라고 했습니다. 교리를 배우지 않으면 기독교의 본질이 희석되어 변질된다는 뜻입니다. 과거보다 교리 교육이 약화 되는 교회 상황은 우려스러운 일입니다. 절대 진리를 거부하는 포스트모더니즘의 사회 상황과 이단이 준동하는 시대 상황 속에서 가장 핵심적인 교리를 담은 사도신경을 배우는 것은 매우 중요한 일입니다.

정명호 목사님은 탄탄한 신학적 토대 위에 성령님의 도움을 받은 탁월한 성경해석과 설득력 그리고 불붙는 논리로 독자를 설득하고 있습니다. 그의 설득은 불신자와 회의론자들도 설복(說伏)할 만큼 탁월한 변증입니다. 선명한 논리, 깔끔한 전개, 무엇보다 개혁신학적 바탕 위에서 사도신경을 해설했다는 것은 이 책의 매우 큰 강점입니다.

이 책을 읽으면, 신앙의 본질을 굳게 간직하며 성장할 수 있다는 확신이 있기에 이 책을 여러분에게 적극 추천합니다.

_총신대학교 박성규 총장

그리스도인은 무엇을 믿는가?
사도신경을 통해 고백하는 신앙

초판 1쇄 발행 2024년 6월 15일

지은이 | 정명호
펴낸이 | 김한수
출판국장 | 박민선

펴낸곳 | 한국NCD미디어
등 록 | 과천 제2016-000009호
주 소 | 경기도 과천시 문원청계2길50 로고스센터 206호
전 화 | 02-3012-0520
이메일 | ncdkorea@hanmail.net
홈주소 | www.ncdkorea.net

ISBN 979-11-91609-97-4 03230

copyright©한국NCD미디어 2024
Printed in Seoul, Korea

* 이 책은 한국NCD미디어가 저작권 계약에 따라 발행한 것이므로 본사의 협의없는 무단전재와 무단복제를 엄격히 금합니다.
* 잘못 만들어진 책은 구입처에서 교환해드립니다.

값 18,000원

그리스도인은 무엇을 믿는가?

사도신경을 통해 고백하는 신앙

그리스도인은 무엇을 믿는가?
What do Christians believe?

Credo in Deum Patrem omnipotentem,
Creatorem caeli et terrae.
Et in Iesum Christum,
Filium eius unicum, Dominum nostrum,
qui conceptus est de Spiritu Sancto,
natus ex Maria Virgine,
passus sub Pontio Pilato,
crucifixus, mortuus, et sepultus,
descendit ad inferos, tertia die resurrexit a mortuis,
ascendit ad caelos,
sedet ad dexteram Dei Patris omnipotentis,
inde venturus est iudicare vivos et mortuos.
Credo in Spiritum Sanctum,
sanctam Ecclesiam catholicam,
sanctorum communionem,
remissionem peccatorum,
carnis resurrectionem et vitam aeternam.
Amen.

정명호 지음

목 차

추천사

Chapter 1

　　나는 믿습니다　　　　　　　　p 7

Chapter 2

　　창조주 하나님을
　　전능하신 아버지로 믿습니다　　p 18

Chapter 3

　　하나님의 아들이신 예수님을
　　그리스도 주님으로 믿습니다　　p 32

Chapter 4

　　성령으로 잉태되어 동정녀 마리아에게서 나신 예수님을
　　그리스도 주님으로 믿습니다　　p 47

Chapter 5

　　십자가에서 죽으신 예수님을
　　그리스도 주님으로 믿습니다　　p 61

Chapter 6

　　부활하신 예수님을
　　그리스도 주님으로 믿습니다　　p 81

Chapter 7

    승천하셔서 하나님 우편에 앉으신 예수님을
    그리스도 주님으로 믿습니다   *p 99*

Chapter 8

    심판주로 다시 오실 예수님을
    그리스도 주님으로 믿습니다   *p 114*

Chapter 9

    성령을 믿습니다   *p 128*

Chapter 10

    교회는 하나님의 백성 공동체의
    거룩한 교제임을 믿습니다   *p 145*

Chapter 11

    죄의 실재와 용서를 믿습니다   *p 161*

Chapter 12

    몸의 부활과 영생을 믿습니다   *p 180*

- 옛 번역 -

> 전능하사 천지를 만드신 하나님 아버지를 내가 믿사오며,
> 그 외아들 우리 주 예수 그리스도를 믿사오니,
> 이는 성령으로 잉태하사 동정녀 마리에게 나시고,
> 본디오 빌라도에게 고난을 받으사 십자가에 못 박혀 죽으시고,
> 장사한지 사흘 만에 죽은 자 가운데서 다시 살아나시며,
> 하늘에 오르사 전능하신 하나님 우편에 앉아 계시다가,
> 저리로서 산 자와 죽은 자를 심판하러 오시리라.
> 성령을 믿사오며, 거룩한 공회와 성도가 서로 교통하는 것과,
> 죄를 사하여 주시는 것과, 몸이 다시 사는 것과,
> 영원히 사는 것을 믿사옵나이다. 아멘.

- 새 번역 -

> 나는 전능하신 아버지 하나님, 천지의 창조주를 믿습니다.
> 나는 그의 유일하신 아들, 우리 주 예수 그리스도를 믿습니다.
> 그는 성령으로 잉태되어 동정녀 마리아에게서 나시고,
> 본디오 빌라도에게 고난을 받아 십자가에 못 박혀 죽으시고,
> 장사된 지 사흘 만에 죽은 자 가운데서 다시 살아나셨으며,
> 하늘에 오르시어 전능하신 아버지 하나님 우편에 앉아 계시다가,
> 거기로부터 살아 있는 자와 죽은 자를 심판하러 오십니다.
> 나는 성령을 믿으며, 거룩한 공교회와 성도의 교제와
> 죄를 용서받는 것과 몸의 부활과 영생을 믿습니다. 아멘.

Chapter 1

나는 믿습니다

로마서 10장 9절
네가 만일 네 입으로 예수를 주로 시인하며
또 하나님께서 그를 죽은 자 가운데서 살리신 것을
네 마음에 믿으면 구원을 받으리라

나는 믿습니다

세례의 의미 : 구원과 소속

기독교 신앙을 하나님과의 관계라는 관점에서 볼 때 "불신"은 '하나님과의 관계가 끊어진 상태', "의심"은 '하나님과의 관계가 소원한(온전하지 못한) 상태', "믿음"은 '하나님과의 관계가 친밀한(온전한) 상태'라고 말할 수 있습니다.

같은 관점에서 "세례"란 하나님과 관계를 맺게 되었음을 공식적으로 선언하고 증언하는 예식입니다. 1세기를 살았던 사람들에게 세례는 단순한 종교 예식이 아니라 '그리스도이신 예수님의 죽음과 부활이 자신과 관계있는 사건'이라는 것을 고백하는 자리였습니다.

(롬 6:3) 무릇 그리스도 예수와 합하여 세례를 받은 우리는 그의 죽으심과 합하

여 세례를 받은 줄을 알지 못하느냐

오늘날 많은 사람이 공적인 고백이나 예식을 등한시하고 그저 각 개인이 마음으로 믿기만 하면 된다고 생각하지만, 성경은 그렇게 가르치지 않습니다.

(갈 3:27) 누구든지 그리스도와 합하기 위하여 세례를 받은 자는 그리스도로 옷 입었느니라

이 말씀에 근거하면 세례를 받지 않으면 그리스도와 합하지 못한 것이고, 그리스도의 의를 옷 입지 못한 것입니다. 우리는 세례 받는 자리에서 공적인 고백을 통해서만 '하나님께서 예수님을 통해 베푸시는 구원에 참여'하고 '구원받음을 인정'받게 되는 것입니다. 그러므로 세례는 매우 중요합니다. 예수 믿는 성도, 하나님 나라 백성이 되려면 반드시 세례를 받아야 합니다. 세례를 통해 그리스도와 합하게 됩니다. 세례를 통해 그리스도로 옷 입게 됩니다.

우리는 이러한 세례 예식의 결과로 '그리스도를 통하여 하나님의 백성 공동체에 속하게' 됩니다. 사도행전을 보면 초대 교회 공동체도 세례받은 사람들만 제자의 숫자에 포함했습니다.

(행 2:41) 그 말을 받은 사람들은 세례를 받으매 이 날에 신도의 수가 삼천이나 더하더라

세례에는 '하나님과 관계 맺음', '영원한 구원을 얻게 됨', '구원 공동체에 소속됨'이라는 다중적이고 중요한 의미가 있기 때문에 세례는 아무렇게나 베풀어질 수가 없는 아주 중요한 교회 예식으로써 분명한 신앙의 고백과 결단의 서약이 요구되는 일입니다.

세례의 조건 : 신앙 고백

복음서에서 예수님에 대해 가장 완성된 형태의 신앙 고백을 했던 첫 인물은 베드로입니다.

> (마 16:16) 시몬 베드로가 대답하여 이르되 주는 그리스도시요 살아 계신 하나님의 아들이시니이다

예수님은 베드로의 이 고백이 정확하고 올바르다는 것을 칭찬하시면서 이 고백이야말로 교회 공동체의 기초가 될 것이라고 말씀하셨습니다.

> (마 16:17~18) 17 예수께서 대답하여 이르시되 바요나 시몬아 네가 복이 있도다 이를 네게 알게 한 이는 혈육이 아니요 하늘에 계신 내 아버지시니라 18 또 내가 네게 이르노니 너는 베드로라 내가 이 반석 위에 내 교회를 세우리니 음부의 권세가 이기지 못하리라

베드로가 예수님께 했던 고백의 머리글자를 따면 "물고기"라는 의미를 가진 "익투스"ΙΧΘΥΣ라는 단어가 됩니다. 초대 교회 공동체는 물고기 표시로 서로가 그리스도인이라는 것을 알아보았다고 합니다. 베드로 이후에도 초대 교회 공동체 안에서 예수님에 대한 가장 핵심적인 신앙 고백은 "예수님은 주님이십니다"라는 표현입니다. 초대 교회는 예수님을 주님으로 믿고 고백하는 것을 통해 구원받게 된다고 가르쳤습니다.

> (롬 10:9) 네가 만일 네 입으로 예수를 주로 시인하며 또 하나님께서 그를 죽은 자 가운데서 살리신 것을 네 마음에 믿으면 구원을 받으리라

물론, 누군가가 예수님을 일컬어 그냥 한번 해 보는 말로 "주님"이라고 호칭할 수는 있지만 신앙적 고백은 아무나 아무렇게 할 수 있는 고백이 아니라 성

령의 역사로만 가능합니다.

(고전 12:3) 그러므로 내가 너희에게 알리노니 하나님의 영으로 말하는 자는 누구든지 예수를 저주할 자라 하지 아니하고 또 성령으로 아니하고는 누구든지 예수를 주시라 할 수 없느니라

초대 교회 성도의 "주님"이라는 표현을 오늘날 우리 시대의 단어로 표현하자면 '왕', '통치자', '주권자'라고 할 수 있습니다.

(빌 2:11) 모든 입으로 예수 그리스도를 주라 시인하여 하나님 아버지께 영광을 돌리게 하셨느니라

이 고백에는 예수님을 "구원자(구세주)"로 고백하는 말의 표현을 넘어 예수님을 자기 삶의 "주인"으로 모시고 예수 그리스도에게 "충성하고 헌신하겠다는 서약"이 포함되어 있기 때문에 그리스도인은 예수님을 구세주, 왕, 통치자, 주권자로 인정하고 그 고백 안에서 사는 사람들입니다.

(골 2:6) 그러므로 너희가 그리스도 예수를 주로 받았으니 그 안에서 행하되

세상에서는 절대자를 섬기는 사람을 종교인이라고 부릅니다. 그런 점에서 '모든 종교는 다 같다'고 말하지만 그리스도인들은 오직 십자가의 예수님을 통해서만 하나님과의 관계가 맺어진다고 믿는 사람들이기 때문에 교회 공동체는 예수 공동체입니다.

(행 4:12) 다른 이로써는 구원을 받을 수 없나니 천하 사람 중에 구원을 받을 만한 다른 이름을 우리에게 주신 일이 없음이라 하였더라

그래서 교회의 가장 주된 사역은 내적으로는 예수님을 경배하는 것이고, 외적으로는 예수님의 구세주와 왕 되심을 증거하는 것입니다.

(고후 4:5) 우리는 우리를 전파하는 것이 아니라 오직 그리스도 예수의 주 되신 것과 또 예수를 위하여 우리가 너희의 종 된 것을 전파함이라

신앙 고백의 내용 : 사도신경

바울의 편지나 제자들의 복음서 기록 이후로도 역사적 기독교 공동체 안에서는 다양한 기록자의 다양한 신앙 권면의 글이나 편지가 존재했습니다. 그러나 지금처럼 인쇄술이 발전되기 이전 시대에는 그런 글들을 한 권의 책으로 모을 수도 없었고, 모든 사람이 그 책을 소유할 수 있을 만큼 복사해 낼 수도 없었습니다.

그래서 교회 공동체는 기독교 신앙이 무엇이냐고 묻는 사람들에게 정리된 표현으로 대답할 말이 필요했고, 예배 설교나 성도의 교육을 위해, 자녀들이나 세례자를 위한 신앙 기초교육을 위해, 올바른 성경 이해의 기준을 위해 성경의 내용을 핵심적으로 요약해서 정리할 필요를 느끼게 되었습니다. 그렇게 만들어진 자료가 "사도신경", "니케아신경", "콘스탄티노플신경", "칼케돈신경" 등입니다. 그중에서 오늘날 기독 교회의 모체가 되는 서방 교회에서 사용해 온 자료가 바로 "사도신경"입니다.

"사도신경"이라는 이름은 이 내용을 '사도들이 기록했다'는 의미가 아니라 '사도들의 가르침을 담고 있다'는 의미에서 붙여진 이름입니다. 초대 교회 공동체가 그리스도인으로서 믿어야 할 내용을 핵심적으로 요약하여 세례식에서 사용하던 2세기에는 이 내용을 "신앙의 원칙"$^{\text{The Rule of Faith}}$이라는 이름으로 불렀다고 합니다.

시간이 흘러 주후 710~724년 사이 "공인된 문서"TEXTUS RECEPTUS라는 자료에 실린 사도신경이 오늘날 우리가 사용하고 있는 사도신경과 같은 내용이며 하이델베르크 요리문답 24문에서는 사도신경의 3가지 주제를 성부 하나님과 우리의 창조, 성자 하나님과 우리의 구속, 성령 하나님과 우리의 성화로 정리하고 있습니다.

사도신경은 12개의 문장으로 구성되어 있는데 첫 문장은 성부 하나님에 대한 고백이고, 두 번째부터 일곱 번째까지의 6개 문장은 성자 하나님에 대한 고백, 여덟 번째부터 열두 번째까지의 5개 문장은 성령 하나님에 대한 고백으로 구성되어 있습니다.

막 태어난 아기가 살아 있음을 보여 주는 증거가 울음이라고 한다면 그리스도인으로 거듭났다는 증거는 교회 공동체의 신앙 내용에 대하여 "나도 믿습니다"I believe라는 고백입니다. 그런데 아기의 첫 발성과 신앙인의 첫 고백에는 큰 차이가 있습니다. 아기의 발성은 태생적이고 자연적이고 본능적이지만, 기독교 신앙은 인간으로서 아무 배움이나 노력 없이 우연히 혹은 저절로 생겨나는 것이 아닙니다. 신앙은 배움으로 되는 것이 아니라 배운 내용에 대한 지적인 동의와 함께 그 신앙과 삶을 선택하고 붙잡는 자발적 의지가 중요합니다.

기독교 신앙은 사람들이 마음 둘 곳이 없거나 불안에 대한 위로를 얻는 것이 주된 목적이 아닙니다. 기독교 신앙의 특징은 역사적 사건을 기초로 한 역사성입니다. 기독교 신앙은 실제로 일어난 사건에 대한 이해와 그 사건을 있게 한 하나님의 의도와 목적에 대한 신뢰가 핵심입니다. 고백은 앎을 전제로 하고, 앎은 계시가 전제되어야 합니다. 교리 없는 신앙은 기둥 없는 건물과 같습니다.

사도신경의 의미와 가치

성도들 가운데 십계명이나 주기도문은 성경에 본문 그대로 들어 있는 내용이라 신빙성과 당위성이 있지만 사도신경은 그 본문 자체로는 성경에 기록되어 있지 않다는 점에서 왜 예배 시간마다 이런 고백을 해야 하는지 궁금해하는 분들도 있을 것입니다.

이에 대해서 종교개혁자 마르틴 루터는 "이 사도신경은 초대 교부가 고안한 것이 아닌 사도들이 전해 준 성경의 가르침을 가장 탁월하게 요약한 것이다. 이것은 마치 꿀벌들이 모든 아름다운 꽃에서 꿀을 모아 놓은 것과 같다"라고 말했습니다.[1]

하이델베르크 요리문답 22문에서는 이런 질문과 대답이 나옵니다.[2]

문: 그러면 그리스도인이 믿어야 할 것은 무엇입니까?
답: 복음에서 우리에게 약속된 모든 것을 믿어야 하는데 우리의 보편적이며 의심의 여지 없는 기독교 신앙의 조목들, 즉 사도신경이 이것을 요약하여 가르쳐 줍니다.

사도신경은 다신교 사회, 다원화 사회, 진리 부정의 사회를 사는 교회 공동체가 유일하신 창조주 하나님, 하나님의 아들 예수 그리스도의 십자가 죽음과 부활, 성령으로 인한 구원과 교회 공동체, 종말과 재림을 믿고 고백하고 전파하는 공동체라는 "교회의 정체성"을 알려 줍니다.

---
1. 박성규, 『사도신경이 알고 싶다』, 넥서스CROSS, 2019, p.13
2. 하이델베르크 요리문답의 번역 문장은 "자카리아스 우르시누스 저, 『하이델베르크 요리문답해설』, 원광연 역, CH북스 크리스천 다이제스트 간, 2021"을 주로 인용하되 필요에 따라 부분적으로 개인 번역을 하였다.

사도신경의 내용을 고백하고 교육한다는 것은 오랜 역사 속에서 전 세계로 퍼져 나간 그리스도 공동체가 '하나의 거룩하고 보편적인 교회'라는 것을 보여 주는 증거이기도 합니다. 무엇보다 중요한 사실은 누구라도 교회 공동체의 역사적인 신앙 고백에 참여할 때 하나님의 교회 공동체의 일원이 될 수 있다는 점입니다.

기독교 신앙이란 교회 안에서 성경을 통해 전해 내려온 내용들에 대한 이해, 동의, 신뢰, 고백, 헌신, 순종을 의미합니다. 사도신경은 그리스도 공동체의 DNA이며 정체성 선언문^{manifesto}으로써 전통적인 교회와 이단을 분별할 수 있는 기준이 됩니다.

19세기 교회 역사가였던 필립 샤프는 사도신경을 두고 이렇게 말했습니다.

"사도신경은 교육이나 예배 의식에 사용할 목적으로 특히 세례를 받고자 하는 사람에게나 입교를 원하는 사람에게 신앙을 고백하게 하려는 의도에서 만들어졌다. … 사도신경은 요약된 교리를 논리적으로 진술한 것이 아니라 살아 움직이는 사실과 구원을 가져다주는 진리에 대한 신앙고백이다. 사도신경은 예배 의식에 사용될 수 있는 시의 형태로 되어 있다. … 사도신경은 기독교의 모든 시대와 분파를 하나로 묶어주는 띠와 같다."[3]

나는 믿습니다

서구 사회는 천년이 넘도록 라틴어로 신앙을 전수해 왔습니다. 라틴어로 사

---

3. 필립 샤프, 「신조학」, 박일민 편역, 기독교문서선교회, 1984, p.19

도신경의 첫 단어는 "나는 믿습니다"[I believe]라는 의미의 "크레도"[CREDO]입니다. 여기에서 믿는 도리로써의 "신경"[信經]이라는 영어 단어 "크리드"[Creed]가 나왔습니다. 요즘 교회들이 사용하고 있는 사도신경의 새로운 한글 번역에서 "나는 … 믿습니다"라는 표현이 강조된 이유가 바로 이것입니다.

혹자는 "나는"이라는 개인을 강조하는 것이 공동체성을 해치는 것이 아닌지 걱정하기도 하지만 "내"가 믿는다는 이 고백을 통해서 개인주의의 '나'도 아니고 집단 속에 숨은 '우리'도 아니라, 이 고백을 하는 한 사람 한 사람이 그리스도를 머리로 하는 하나의 공동체에 속하게 되는 것입니다. 개인적인 신앙고백 없이 공동체의 신앙고백에 속할 수는 없다는 말입니다.[4]

미국 남침례신학교 총장인 앨버트 몰러[Albert Mohler Jr.] 박사는 「오늘 나에게 왜 사도신경인가?」라는 책에서 우리가 사도신경(신조)을 공부해야 하는 일곱 가지 이유를 말했는데 필자는 이 일곱 가지 내용을 임의로 순서를 바꾸어 설명하겠습니다.[5]

어떤 신조도 성경을 대체할 수는 없습니다. 왜냐하면
1. 신조는 믿음을 요약하기 때문입니다.
2. 신조는 우리를 선조들의 믿음과 연결해 주기 때문입니다.
3. 신조는 하나님을 예배하는 법과 신앙을 고백하는 법을 가르쳐 주기 때문입니다.
4. 신조는 하나님의 백성을 위한 규칙과 기준을 제시하기 때문입니다.
5. 신앙의 진리들을 개괄하고 있는 신조는 진리가 무엇인지를 밝혀주기 때문입니다.
6. 신조는 기독교의 진리에 대한 오류를 바로잡아주기 때문입니다.

---

4. 강영안, 「신을 모르는 시대의 하나님」, IVP, 2007, p.35
5. 앨버트 몰러, 「오늘 나에게 왜 사도신경인가?」(원제, The Apostles' Creed), 조계광 역, 생명의 말씀사, 2019, pp.22-27.

7. 신조는 모든 그리스도인을 하나로 묶어주는 참된 기독교적 일치에 기여하기 때문입니다.

사도신경을 차근차근 잘 배워 초대 교회 성도들의 이 고백이 우리의 고백이 될 수 있기를 기대합니다. 그리스도인은 자기 생각을 믿는 사람들이 아니라 성경을 믿고, 성경이 말하는 하나님을 믿고, 성경이 가르친 대로 믿는 사람입니다. 비록 교회 제도와 형태는 다르다 하더라도 이 고백에 함께하는 모든 그리스도인이 하나의 교회입니다. 사도신경을 통해 신앙의 골격을 튼튼하고 분명하게 세워 이단의 가르침에 현혹되지 않아야 합니다. 우리는 사도신경으로 요약된 성경의 가르침을 믿는 그리스도인들입니다.

Chapter 2

창조주 하나님을
전능하신 아버지로 믿습니다

에베소서 1장 3절
찬송하리로다 하나님 곧 우리 주 예수 그리스도의 아버지께서
그리스도 안에서 하늘에 속한 모든 신령한 복을 우리에게 주시되

창조주 하나님을
전능하신 아버지로 믿습니다

사도신경은 하나님에 대한 고백 문장으로 시작하는데, 옛 번역은 "전능하사 천지를 만드신 하나님 아버지를 내가 믿사오며"이고, 새 번역은 "나는 전능하신 아버지 하나님, 천지의 창조주를 믿습니다"입니다.

이 문장 안에는 하나님에 대한 몇 가지 고백이 압축적으로 담겨 있습니다.

1. 나는 "인격"이신 하나님의 존재存在, existence를 믿습니다.
2. 나는 "천지를 창조하고 섭리"하시는 하나님의 사역事役, works을 믿습니다.
3. 나는 "전능하신" 하나님의 속성屬性, attributes을 믿습니다.
4. 나는 "아버지"이신 성부 하나님의 위격位格, person을 믿습니다.
5. 나는 "나의 아버지" 되시는 하나님과의 관계關係, relation를 믿습니다.

그리스도인은 "인격"이신 하나님의 존재^{存在, existence}를 믿는 사람들입니다

우리 주변에는 '신은 없다'고 주장하는 분들이 있습니다. 그들은 '신이 있다'는 증거가 없기 때문에 자신들의 무신론 주장이 객관적이라고 말합니다. 그러나 신이 없다고 주장하게 된 근거를 선택하는 행위 자체가 주관적입니다. 무신론 혹은 불가지론의 주장도 따지고 보면 무신론의 가치관과 신념이 전제된 행위, 신앙적 행위입니다. 그러므로 "신은 없다"고 주장하는 분들은 오히려 "나는 하나님이 없다고 믿는다"고 말해야 할 것입니다.

물론, 하나님을 믿는다는 사람들에게서 보이는 습성과 행태가 항상 고상하고 거룩한 것만은 아닙니다. 기독교 공동체를 통해 보이는 문화 역시 항상 아름답고 좋은 모습만은 아닙니다. 그러다 보니 하나님 혹은 신앙을 말할 때마다 반^{反, anti}기독교적인 주장을 하는 분들도 있습니다.

이때 그리스도인들은 비기독교인이나 반기독교적인 분들에 대해 적대적일 필요는 없습니다. 하나님을 믿는 신앙인으로 사는 우리 자신이 우리의 부족함과 죄성과 한계를 잘 알고 있기 때문입니다. 그들이 우리를 향해 욕을 하면 욕을 들으면 됩니다. '신앙인으로서 욕먹지 말자'고 결심한다고 해서 우리의 죄성이나 연약함이 사라지는 것도 아니고, '신앙 때문에 욕먹기 싫다'고 해서 우리가 그리스도를 버릴 수는 없지 않습니까? 우리의 부족함을 인정한다고 해서 하나님이 부정되는 것은 아니기 때문에 "그렇습니다. 우리가 부족합니다. 잘못했습니다"라고 말할 줄 아는 용기가 필요합니다.

세상에는 신의 존재를 믿는 사람도 많습니다. 그러나 우리가 믿는 하나님은 철학적 추론을 통해 상정^{想定, postulate}되는 '이론상의 신'이거나 만물이 모두 다 신이라는 범신론의 신, 신화의 만들어낸 신, 죽은 사람의 혼령이라는 '귀신', 초월적인 '힘'이나 영적인 '기운', 스타워즈의 '포스'가 아니고 초자연적 힘을 가진 '집단'이나 '세력'도 아닙니다.

그리스도인들은 영적 존재, 예컨대 귀신과 같은 존재를 인정하기는 하지만 그들을 신앙의 대상으로 삼지는 않습니다. 세상에서 신이라고 불린다고 해서 전부 다 같은 하늘나라에 있는 것이 아닙니다. 세상에서 신이라고 불린다고 해서 우리를 영원히 구원하지는 못합니다.

우리가 믿고 신앙하는 신은 창조 공간과 시간 안에서 인간에게 자신의 이름을 "여호와"라고 직접 계시하신 바로 그 하나님입니다.

(출 3:14) 하나님이 모세에게 이르시되 나는 스스로 있는 자이니라 …

그 하나님은 자신의 성품을 '자비롭고 은혜롭고 노하기를 더디하고 인자와 진실이 많은' 분으로 계시하십니다.

(출 34:6) … 여호와라 자비롭고 은혜롭고 노하기를 더디하고 인자와 진실이 많은 하나님이라

동시에 '악과 과실과 죄를 용서'하기도 하지만 '악행'에 '보응'하는 분으로 설명하셨습니다.

(출 34:7) 인자를 천대까지 베풀며 악과 과실과 죄를 용서하리라 그러나 벌을 면제하지는 아니하고 아버지의 악행을 자손 삼사 대까지 보응하리라

이 하나님은 역사 안에서 아브라함, 이삭, 야곱, 요셉, 모세와 같은 인간과 관계를 맺으며 상호작용하셨던 인격체이십니다. 그 하나님과의 관계에 대한

기록이 성경입니다. 우리가 믿는 하나님은 성경이 기록하고 있는 바로 이 하나님입니다.

그리스도인은 "천지를 창조하고 섭리"하시는 하나님의 사역[事役, works]을 믿습니다

우리가 믿는 하나님은 세상의 창조주이십니다. 성경은 그 기록의 시작에서부터 이 내용을 선포합니다.

(창 1:1) 태초에 하나님이 천지를 창조하시니라

누가 창조주이십니까? 성경이 기록하는 바로 그 하나님이십니다!
무엇을 창조했습니까? 우리가 사는 이 온 우주의 세상입니다!
언제 창조했습니까? 시간이 시작되는 바로 그 태초[in the beginning]입니다!
어떻게 창조했습니까? 말씀입니다!

히브리서의 기록자는 하나님이 세상을 창조하셨다는 사실을 집마다 지은 자가 있다는 비유로 재진술합니다.

(히 3:4) 집마다 지은 이가 있으니 만물을 지으신 이는 하나님이시라

이 세상에 존재하는 무엇이든 절대로 스스로 존재할 수 없다는 점에서 바울은 세계와 만물을 자세히 들여다보면 누구라도 신의 존재를 거부할 핑계를 대지 못할 것이라고 주장합니다.

(롬 1:20) 창세로부터 그의 보이지 아니하는 것들 곧 그의 영원하신 능력과 신성이 그가 만드신 만물에 분명히 보여 알려졌나니 그러므로 그들이 핑계하지 못할

지니라

그런데 만물 안에 창조주의 존재, 성품, 의지, 능력이 분명히 드러나 있음에도 불구하고 사람들은 창조 세계를 보면서도 하나님의 영원한 신성과 능력을 알아채지 못합니다. 생각이 허망하여지고 미련한 마음이 어두워졌기 때문입니다.

(롬 1:21) 하나님을 알되 하나님을 영화롭게도 아니하며 감사하지도 아니하고 오히려 그 생각이 허망하여지며 미련한 마음이 어두워졌나니

총명이 어두워지고 마음이 굳어졌기 때문입니다.

(엡 4:18) 그들의 총명이 어두워지고 그들 가운데 있는 무지함과 그들의 마음이 굳어짐으로 말미암아 하나님의 생명에서 떠나 있도다

그래서 자연 계시와 인간의 지혜만으로는 하나님을 온전히 알 수 없습니다.

하나님은 인간 역사 안에 개입하셔서 구원과 회복의 일을 이루시고 그 일을 기록하게 하셨습니다. 인류는 성경을 통하지 않고서는 창조 세계가 하나님의 영광이라는 사실을 알지 못하고, 성경과 그리스도가 아니라면 구원이 필요하다는 사실 자체도 알지 못하고, 구원의 길도 알지 못합니다.

그리스도인은 "전능하신" 하나님의 속성屬性, attributes을 믿습니다

그리스도인은 '전능하신 하나님' 혹은 '하나님의 전능하심'을 믿습니다. 왜냐하면 하나님께서 하나님 자신을 전능의 하나님이라고 계시하셨기 때문입니다.

하나님은 99세의 아브라함에게 나타나셔서 자신을 "엘 샤다이, 전능의 하나님"으로 계시하셨고,

(창 17:1) … 나는 전능한 하나님이라 …

이삭에게도 "전능의 하나님"으로 나타내셨으며,

(창 48:3) … 전능하신 하나님이 내게 나타나사 복을 주시며

야곱에게도 자신을 "전능의 하나님"으로 계시하셨고,

(창 35:11) 하나님이 그에게 이르시되 나는 전능한 하나님이라 …

모세에게는 하나님께서 스스로를 아브라함과 이삭과 야곱에게 "전능의 하나님"으로 계시하셨다고 말씀하셨습니다.

(출 6:3) 내가 아브라함과 이삭과 야곱에게 전능의 하나님으로 나타났으나 …

"전능"全能, omnipotence이란 '무엇이든 다 할 수 있다'는 뜻으로 우리가 하나님을 전능하신 하나님이라고 고백할 때 이 표현 안에는 누군가에 의해 존재하지 않으시고 '스스로 존재'하시는 자존自存하는 분, '창조 이전부터 존재'하시는 영원永遠, eternal한 분, 신이 되신 분이 아니라 '원래부터 신으로 존재'하시는 분, '시간의 제약을 받지 않으시는' 무한無限, infinite한 분, '공간의 제약을 받지 않으시는' 편재遍在, omnipresence한 분, '능력이나 성품의 변화가 없는' 불변不變, unchangeable, immutable하신 분이라는 의미가 담겨 있습니다. 그런 점에서 피조물인 귀신이나 인간은 유능有能할 수는 있지만 전능全能하지는 못합니다.

하나님의 전능하심에는 두 가지 특성이 있습니다. 첫째, 하나님은 자신의 성품이나 가치, 목적과 의도까지 저버리면서 능력을 드러내지는 않습니다. 그것

은 능력의 문제가 아니라 성품과 의지의 문제로써 하나님의 전능하심은 하나님의 성품 안에서, 하나님의 계획 안에서, 하나님의 약속 안에서 실행됩니다.

(시 19:7~9) 7 여호와의 율법은 완전하여 영혼을 소성시키며 여호와의 증거는 확실하여 우둔한 자를 지혜롭게 하며 8 여호와의 교훈은 정직하여 마음을 기쁘게 하고 여호와의 계명은 순결하여 눈을 밝게 하시도다 9 여호와를 경외하는 도는 정결하여 영원까지 이르고 여호와의 법도 진실하여 다 의로우니

둘째, 하나님의 전능하심은 우리를 놀랍게 해서 자신을 경배하게 하려는 위압적 능력으로 나타나지 않고 우리를 구원하시려는 사랑으로 나타납니다.

(눅 1:37) 대저 하나님의 모든 말씀은 능하지 못하심이 없느니라

이것이 하나님의 전능하심의 특성입니다.

그리스도인은 "아버지"이신 성부 하나님의 위격(位格, person)을 믿습니다

고대 세계에서는 자기들이 섬기는 신을 '아버지'로 칭하는 일이 많았다고 합니다. 호메로스의 일리아스(Ilias)에서도 제우스를 아버지로 칭하는 표현이 등장합니다. 그러나 창조주 하나님은 '존재의 근원'이라는 점에서 모든 피조물의 아버지이시고, 창조주 하나님에 대한 신앙 유무를 떠나서 모든 피조물에게 자연법칙이라는 섭리의 은혜를 베푸십니다.

(마 5:45) 이같이 한즉 하늘에 계신 너희 아버지의 아들이 되리니 이는 하나님이 그 해를 악인과 선인에게 비추시며 비를 의로운 자와 불의한 자에게 내려주심이라

바울은 철학이 융성했던 아테네에서 이러한 접근법으로 하나님을 논증하기

도 하였습니다.

(행 17:26) 인류의 모든 족속을 한 혈통으로 만드사 온 땅에 살게 하시고 그들의 연대를 정하시며 거주의 경계를 한정하셨으니

(행 17:28) 우리가 그를 힘입어 살며 기동하며 존재하느니라 너희 시인 중 어떤 사람들의 말과 같이 우리가 그의 소생이라 하니

사도신경에서 "하나님 아버지를 믿습니다"는 고백은 '예수 그리스도의 아버지이신 하나님을 믿습니다'라는 고백으로 먼저 이해해야 합니다. 주기도문의 "하늘에 계신 우리 아버지"는 '우리의 기도를 들으시는 하나님과의 관계'에 초점이 있다면, 사도신경의 "하나님 아버지"는 삼위일체 하나님에 대한 고백으로써 '성부 하나님의 위격'이 초점입니다.

하나님께서는 예수님을 아들로 호칭하심으로써 스스로를 아버지로 계시하셨습니다.

(마 3:17) 하늘로부터 소리가 있어 말씀하시되 이는 내 사랑하는 아들이요 내 기뻐하는 자라 하시니라

우리의 구원을 위해서 예수님께서 세례받으시는 그 현장에는 말씀하시는 성부 하나님, 임재하시는 성령 하나님, 세례받으시는 성자 하나님이 한 자리에서 역사하고 있었습니다. 아버지이신 하나님은 아들 예수님을 사랑하사, 피조 세계의 모든 권한을 아들에게 위임하셨습니다.

(요 3:35) 아버지께서 아들을 사랑하사 만물을 다 그의 손에 주셨으니

아들 예수님 역시 언제나 아버지 하나님이 기뻐하시는 일, 기뻐하시는 뜻을 따라 행하셨습니다.

(요 8:29) 나를 보내신 이가 나와 함께하시도다 나는 항상 그가 기뻐하시는 일을 행하므로 나를 혼자 두지 아니하셨느니라

아들 예수님은 아버지 하나님이 기뻐하시는 일, 기뻐하시는 뜻을 위하여 십자가 죽음까지도 순종하여 받듭니다.
(마 26:42) … 내 아버지여 만일 내가 마시지 않고는 이 잔이 내게서 지나갈 수 없거든 아버지의 원대로 되기를 원하나이다 하시고

하나님은 이런 아들 예수를 높여 천상천하의 왕, 통치자, 주권자로서의 "주"가 되게 하셨습니다.
(행 5:31) 이스라엘에게 회개함과 죄 사함을 주시려고 그를 오른손으로 높이사 임금과 구주로 삼으셨느니라

그렇기 때문에 우리가 믿고 경배하는 하나님은 예수 그리스도의 아버지이신 하나님, 예수님을 주님으로 삼아주신 아버지 하나님입니다.
(벧전 1:3) 우리 주 예수 그리스도의 아버지 하나님을 찬송하리로다 …

그리스도인은 "나의 아버지" 되시는 하나님과의 관계^{關係, relation}를 믿습니다

그렇다고 해서 하나님에 대한 우리의 고백이 '예수 그리스도의 아버지'에서 멈추는 것은 아닙니다. 사도신경의 옛 번역과 새 번역을 비교해 보면 하나님의 전능하심에 대한 강조점이 약간 다르다는 것을 알 수 있습니다. "전능하사 천지를 만드신"이라고 고백하는 옛 번역에서는 하나님의 전능하심은 '창조'라

는 행위와 연결되지만, "전능하신 아버지 하나님"이라고 고백하는 새 번역에서는 하나님의 전능하심이 '아버지'라는 표현과 연결됩니다.

하나님의 전능하심은 '무슨 일이든 하실 수 있는 능력자'이심을 강조하기보다 '나를 위해 무슨 일이든 하실 수 있는 아버지'이심이 강조되어야 합니다. 하나님의 전능하심은 '자기 뜻을 이루기 위해 자기 마음대로 일할 수 있다'라는 객관적 능력보다 '우리를 위해 아들까지 내어주시는 사랑'의 관계에서 더 분명하게 드러났습니다. 사람들은 귀신의 능력을 두려워하지만, 그리스도인들은 하나님의 전능하심을 기뻐하는 이유가 바로 이것입니다.

하나님은 예수 그리스도 안에서 피조물인 우리 인간, 하나님을 떠나버린 우리 인간, 타락한 우리 인간과 아버지와 자녀의 관계를 맺으시는 인격적 하나님, 사랑의 하나님이십니다. 물론 이 일은 오직 예수 그리스도를 통하여서만 가능합니다.

(요 1:12) 영접하는 자 곧 그 이름을 믿는 자들에게는 하나님의 자녀가 되는 권세를 주셨으니

예수님께서도 우리에게 예수님의 아버지가 바로 우리의 아버지라고 가르치셨습니다.

(요 20:17) 예수께서 이르시되 … 너는 내 형제들에게 가서 이르되 내가 내 아버지 곧 너희 아버지 내 하나님 곧 너희 하나님께로 올라간다 하라 하시니

이것은 상징적이고 추상적인 표현이 아니라 예수님 안에서 실제적인 관계 재정립이며 오직 성령을 통해 이루어집니다.

(롬 8:15) 너희는 다시 무서워하는 종의 영을 받지 아니하고 양자의 영을 받았으

므로 우리가 아빠 아버지라고 부르짖느니라

하나님은 그분의 전능하심으로 우리 인류와 관계없는 놀이를 무의미하고 무목적적으로 하시는 분이 아니라 피조물이자 자녀인 우리를 위해 모든 것을 전능함으로 일하시는 아버지이십니다.

(마 7:11) 너희가 악한 자라도 좋은 것으로 자식에게 줄 줄 알거든 하물며 하늘에 계신 너희 아버지께서 구하는 자에게 좋은 것으로 주시지 않겠느냐

그런데 하나님을 아버지라고 고백할 때 잠시 언급하고 넘어가야 할 것이 있습니다. 우리가 하나님을 아버지라고 고백하는 것은 '존재의 근원', '돌봄의 책임과 능력'을 이야기하는 것입니다. 아버지만으로는 부족하기 때문에 우리에게 하나님 어머니가 필요한 것은 아니라는 점입니다. 성경은 하나님을 어머니의 모습으로 비유할 때도 많습니다.

(사 66:13) 어머니가 자식을 위로함 같이 내가 너희를 위로할 것인즉 너희가 예루살렘에서 위로를 받으리니

누군가는 하나님을 아버지라고 칭할 때 폭군 같은 자신의 육신의 아버지 혹은 무책임한 부모를 떠올리면서 부정적인 감정을 가지는 것은 충분히 개연성 있는 일입니다.

(사 49:15) 여인이 어찌 그 젖 먹는 자식을 잊겠으며 자기 태에서 난 아들을 긍휼히 여기지 않겠느냐 그들은 혹시 잊을지라도 나는 너를 잊지 아니할 것이라

그러나 개인적이고 부분적인 경험으로 아버지에 대한 원래 이미지가 흐려져서는 안 됩니다.

전능하신 창조주 하나님의 자녀 됨을 누리며 자녀의 책임 안에 살라!

하이델베르크 요리문답 26문은 이렇게 가르치고 있습니다.

문: "전능하신 하나님 아버지, 하늘과 땅을 창조하신 분을 믿습니다."라고 고백할 때 당신은 무엇을 믿습니까?

답: 우리 주 예수 그리스도의 영원하신 아버지께서 하늘과 땅과 그 가운데 있는 모든 것들을 무로부터 지으셨고 또한 영원한 작정^{counsel}과 섭리^{providenc}로 그것들을 지탱시키시고^{uphold} 다스리시는 것을^{rule} 믿으며, 그가 그의 아들 그리스도로 말미암아 나의 하나님과 나의 아버지가 되심을 믿으며, 그가 몸과 영혼에 필요한 모든 것들로 내게 채워주실 것을 믿어 의심치 않으며, 이 눈물의 골짜기를 지나는 동안 내게 어떠한 악을 보내신다고 할지라도 그가 그것을 나의 선으로 바꾸실 것임을 믿으니, 이는 그가 전능하신 하나님이시므로 그 일을 하실 수 있으며 또한 신실하신 아버지이시므로 기꺼이 그리하시기 때문입니다.

"창조주 하나님"을 "전능하신 아버지"로 고백하는 이 내용이 오늘 현실의 삶과 어떤 관계가 있을까요?

첫째는 우리가 하나님의 자녀가 된 것은 우리 자격이나 능력이 아니라 오직 그리스도의 은혜라는 사실을 기억해야 합니다.

(롬 8:17) 자녀이면 또한 상속자 곧 하나님의 상속자요 그리스도와 함께 한 상속자니 …

우리는 예수 그리스도를 믿음으로 하나님의 자녀가 되어 하늘의 모든 신령한 복을 누리게 된 사람들입니다.

(엡 1:3) 찬송하리로다 하나님 곧 우리 주 예수 그리스도의 아버지께서 그리스도 안에서 하늘에 속한 모든 신령한 복을 우리에게 주시되

둘째는 "전능하신", "아버지"라는 이 두 가지 개념으로 인해 기도와 응답이 가능하다는 사실입니다. 아버지라도 능력이 없으면 도울 수 없고 능력이 있더라도 아버지가 아니시라면 응답할 이유가 없습니다. 더군다나 능력 있는 아버지라 할지라도 좋으신 아버지가 아니라면 내게 무익합니다. 그러나 우리의 하나님 아버지는 전능하고 좋은 아버지이십니다.

(마 7:11) 너희가 악한 자라도 좋은 것으로 자식에게 줄 줄 알거든 하물며 하늘에 계신 너희 아버지께서 구하는 자에게 좋은 것으로 주시지 않겠느냐

셋째는 우리가 창조주 하나님의 자녀가 된다는 것은 우리가 사는 이 세상에 대한 책임이 우리에게 위임되어 있다는 사실입니다.

(창 1:28) 하나님이 그들에게 복을 주시며 하나님이 그들에게 이르시되 생육하고 번성하여 땅에 충만하라, 땅을 정복하라, 바다의 물고기와 하늘의 새와 땅에 움직이는 모든 생물을 다스리라 하시니라

창조주 하나님의 자녀가 된 우리는 이 창조 세계를 운영하시는 하나님의 뜻에 대한 이해와 참여, 순종의 책임을 져야 합니다. 하나님에 대한 믿음은 하나님의 존재, 성품, 의지, 능력에 대한 인정과 신뢰, 아버지로 관계 맺음, 자녀로서 책임감, 종으로서의 순종을 포함하는 믿음입니다. 이 고백 안에서 이 믿음을 가지고 이 방향성을 따라 살아갑시다.

Chapter 3

하나님의 아들이신 예수님을
그리스도 주님으로 믿습니다

마가복음 1장 1절
하나님의 아들 예수 그리스도의 복음의 시작이라

하나님의 아들이신 예수님을 그리스도 주님으로 믿습니다

　사도신경 2문장은 예수님에 대한 고백입니다. 옛 번역은 "그 외아들 우리 주 예수 그리스도를 믿사오니"이고, 새 번역은 "나는 그의 유일하신 아들, 우리 주 예수 그리스도를 믿습니다"입니다. 이 문장에는 예수로 나타나신 성자 하나님의 존재, 그리스도이신 직분, 아들이신 위격, 하나님이신 속성, 우리의 주님 되신 관계성의 고백을 담고 있습니다.

1. 나는 "인격"이신 예수님의 존재$^{存在, existence}$를 믿습니다.
2. 나는 "그리스도"이신 예수님의 직분$^{職分, position}$을 믿습니다.
3. 나는 "하나님의 아들"이신 성자 하나님의 위격$^{位格, person}$을 믿습니다.
4. 나는 예수님의 "하나님"이신 속성$^{屬性, attributes}$을 믿습니다.
5. 나는 "주님"이신 예수님과의 관계$^{關係, relation}$를 믿습니다.

나는 "인격"이신 예수님의 존재[存在, existence]를 믿습니다

예수님은 헤롯 대왕의 둘째 아들 헤롯 안티파스 2세[Herod Antipatar II, BC. 55~43]가 유대 지역 분봉왕으로 다스릴 때 제2대 로마 황제 가이우스 율리우스 케사르 옥타비아누스[Gaius Julius Caesar Octavianus, BC. 29년 1월 15일~AD. 14년 8월 19일 통치]가 다스리던 시대에 베들레헴에서 태어나셨고, 기원후 26년에서 36년 사이 유대 속주의 다섯 번째 총독행정 장관이었던 본디오 빌라도[Pontius Pilatus, AD. 26~36년 재임] 치하의 예루살렘에서 십자가에 못 박히고 죽임당하신 역사적인 인물입니다.

분자생물학 박사이자 신학박사로서 영국 옥스퍼드 대학에서 과학, 역사, 신학, 종교, 문화, 선교, 교육에 대해 가르쳤던 알리스터 맥그래스[Alister McGrath]는 예수님의 존재에 대해 이렇게 말합니다.[6]

> 예수님이 실제로 존재했다는 역사적인 증거는 모든 이를 만족시킬 만하며, 그 증거를 받아들이지 못하는 부류는 어떤 증거가 있든 간에 그 사실을 애써 부정하기로 마음먹은 이들뿐입니다.

히브리어로 "예수아"[ישוע] 혹은 "여호수아", 헬라어로는 "이에수스"[Ἰησοῦς]라고 발음되는 "예수"라는 이름은 모태에 잉태되기도 전에 천사를 통해 주어졌습니다.

(눅 1:31) 보라 네가 잉태하여 아들을 낳으리니 그 이름을 예수라 하라

그런데 예수라는 이름은 유대 문화 안에서 종종 사용되던 이름이었던 관계로 성경 기록자들은 우리가 믿는 예수님을 특정하기 위해 예수님이 사셨던 "나사렛"이라는 동네 이름을 붙여 표현할 때가 많았습니다. 예수라는 이름의

---
6. 알리스터 맥그래스, 「알리스터 맥그래스의 사도신경」(원제, I Believe), 송동민역, 죠이북스, 2020, p.64

보편적 의미는 '하나님이 구원자이시다' 혹은 '하나님이 구원하실 것이다'라는 소망의 의미가 있습니다. 그래서 예수님 탄생을 전하는 천사는 '태어날 이 아이가 구원자가 될 것'이라는 의미로 요셉에게 이 이름을 명령하였습니다.

(마 1:21) 아들을 낳으리니 이름을 예수라 하라 이는 그가 자기 백성을 그들의 죄에서 구원할 자이심이라 …

예수님은 태어나 살다 보니 종교적 깨달음 안에서 인류 구원에 대한 필요성과 자의식이 생겨나 구세주로 역할하게 된 존재가 아닙니다. 하나님은 예수님이 잉태되기 전부터 "예수"라는 이름을 통해 이분이 누구인지 하나님께서 이 아들을 통해 이루실 일이 무엇인지를 미리 계시하셨습니다. 예수님은 하나님의 작정에 의해 하나님의 예언에 따라 하나님으로부터 '세상의 구원자'로 이 땅에 보내진 분입니다. 예수님은 '자기 백성을 그들의 죄에서 구원'하는 분이시고 하나님은 예수를 통해 자기 백성을 구원하십니다.

그리스도인은 1세기 이스라엘 땅에 한 인격으로 존재했던 예수라는 역사적 인물을 구세주, 그리스도, 하나님의 아들, 주님으로 믿는 사람들입니다.

(막 1:1) 하나님의 아들 예수 그리스도의 복음의 시작이라

나는 "그리스도"이신 예수님의 직분職分, position을 믿습니다

히브리어로는 "마쉬아흐",מָשִׁיחַ, 메시야 헬라어로 번역하면 "그리스도"Χριστός라는 단어는 '기름 부음 받은 자'를 의미합니다.

(요 1:41) 그가 먼저 자기의 형제 시몬을 찾아 말하되 우리가 메시야를 만났다 하고 (메시야는 번역하면 그리스도라)

구약 역사를 보면 하나님 당신께서 행하실 일을 위하여 직접 선택한 사람에게 기름을 붓는 방법으로 인간(세상)에게 "하나님의 선택과 위임"을 나타내셨습니다. 기름 부음은 "하나님으로부터의 위임(권위)" 그리고 "하나님을 위한 거룩(구별)"의 목적 아래 행해지는 것이었습니다.

(출 28:41) 너는 그것들로 네 형 아론과 그와 함께 한 그의 아들들에게 입히고 그들에게 기름을 부어 위임하고 거룩하게 하여 그들이 제사장 직분을 내게 행하게 할지며

구약에서 기름 부음을 받는 직책은 세 가지입니다. 하나님의 대언자로서 사람들을 가르치는 "선지자", 하나님과의 화해와 중재를 위한 "제사장", 보호와 다스림이라는 하나님이 통치하는 대행자로서의 "왕", 이 세 가지 직책은 모두 다 하나님과 인간 사이에서 기능하는 중보자 역할이라는 특징이 있습니다. 그런데 역사상 이 기능을 '완벽하게' 수행한 완전한 중보자가 없었고, 이 세 가지 기능을 '한꺼번에' 수행한 사람도 없습니다.

그런데도 하나님께서 구약에서부터 이런 직책을 미리 율법으로 명령하시고 사람들에게 이런 역할을 맡기신 것은 완전한 중보자를 보내실 것을 예고하시기 위함이었는데 예수님이 바로 그분입니다.

(딤전 2:5) 하나님은 한 분이시요 또 하나님과 사람 사이에 중보자도 한 분이시니 곧 사람이신 그리스도 예수라

물론, 예수님 시대나 그 이후에도 유대 역사와 문화 속에서 그리스도 역할을 하는 사람들은 제도 안에서 계속 세워졌지만, 그들은 여전히 부족한 사람들, 제 기능을 다하지 못하는 사람들이었을 뿐입니다. 예수님은 그러한 계보를 잇는 '한 사람의 그리스도'가 아니라 하나님께서 선지자들을 통해 미리 예언

하신 완전하신 그리스도라는 점에서 예수님은 '바로 그 그리스도'라고 불러야 할 것입니다. 초대 교회는 예수님이 바로 그 '메시야', '그리스도', '완전한 중보자'이심을 믿었습니다.

사도행전에서 '사도들이 전한 복음', '교회가 역사적으로 믿고 선포해 온 복음'은 "예수님은 그리스도"라는 내용입니다.

(행 2:36) 그런즉 이스라엘 온 집은 확실히 알지니 너희가 십자가에 못 박은 이 예수를 하나님이 주와 그리스도가 되게 하셨느니라 하니라

(행 5:42) 그들이 날마다 성전에 있든지 집에 있든지 예수는 그리스도라고 가르치기와 전도하기를 그치지 아니하니라

(행 9:22) 사울은 힘을 더 얻어 예수를 그리스도라 증언하여 다메섹에 사는 유대인들을 당혹하게 하니라

(행 17:3) 뜻을 풀어 그리스도가 해를 받고 죽은 자 가운데서 다시 살아나야 할 것을 증언하고 이르되 내가 너희에게 전하는 이 예수가 곧 그리스도라 하니

(행 18:5) 실라와 디모데가 마게도냐로부터 내려오매 바울이 하나님의 말씀에 붙잡혀 유대인들에게 예수는 그리스도라 밝히 증언하니

(행 18:28) 이는 성경으로써 예수는 그리스도라고 증언하여 공중 앞에서 힘있게 유대인의 말을 이김이러라

그리스도인들은 예수님을 성경이 예언한 '메시야', '그리스도'라고 믿는 사람들입니다.

(막 1:1) 하나님의 아들 예수 그리스도의 복음의 시작이라

나는 "하나님의 아들"이신 성자 하나님의 위격位格, person을 믿습니다

역사상 존재했던 인물인 예수가 우리를 위한 하나님의 메시아 그리스도라는 것을 믿는 것만이 예수 신앙의 전부가 아니라 그 고백에는 '바로 그 그리스도이신 예수가 누구이냐?'하는 것을 포함합니다.

하나님은 예수님을 "내 사랑하는 아들"이라 칭하셨고,
(눅 3:22) 성령이 비둘기 같은 형체로 그의 위에 강림하시더니 하늘로부터 소리가 나기를 너는 내 사랑하는 아들이라 내가 너를 기뻐하노라 하시니라

예수님 역시 하나님을 "아빠 아버지"라 호칭하셨습니다.
(막 14:36) 이르시되 아빠 아버지여 아버지께는 모든 것이 가능하오니 이 잔을 내게서 옮기시옵소서 그러나 나의 원대로 마시옵고 아버지의 원대로 하옵소서 하시고

예수님은 하나님 아버지를 보여 달라는 제자에게 "나를 본 자는 아버지를 보았다"라고 말씀하십니다.
(요 14:9) 예수께서 이르시되 빌립아 내가 이렇게 오래 너희와 함께 있으되 네가 나를 알지 못하느냐 나를 본 자는 아버지를 보았거늘 어찌하여 아버지를 보이라 하느냐

이 내용을 통해 우리가 알 수 있는 바는 우리를 위해 이 땅에 예수라는 인격으로 온 하나님의 메시아 그리스도는 천사나 어떤 피조물이 아니라 하나님의 아들이시라는 사실입니다. 이 부분에서 언급할 신학적 내용은 모든 피조물은 출생을 통해 존재가 시작되지만, 성자 하나님은 인간 예수로 출생하실 때부터

존재하기 시작한 분이 아니라는 점입니다.

예수님은 당신이 창세 이전부터 하나님과 함께 계셨던 존재라고 말씀하십니다.

(요 17:5) 아버지여 창세 전에 내가 아버지와 함께 가졌던 영화로써 지금도 아버지와 함께 나를 영화롭게 하옵소서

성자 하나님의 이러한 특성을 일컬어 신학적 용어로는 "선재"[先在, the pre-existence] 하신이라는 표현을 사용합니다.

(요 1:1) 태초에 말씀이 계시니라 이 말씀이 하나님과 함께 계셨으니 이 말씀은 곧 하나님이시니라

선재하신 성자 하나님은 출생과 더불어 하나님의 아들이 '된' 것이 아닙니다. 만약 그렇다고 한다면 성부 하나님도 그 시점부터 아버지가 '되었다'고 말해야 하는데 그렇게 되면 성부 하나님은 원래부터 '영원한 아버지'로 존재하신다는 말은 틀린 말이 됩니다. 성부 하나님이 영원부터 아버지로 존재하신다는 고백은 성자 하나님도 영원부터 아들로 존재하신다는 고백과 짝이 되어야만 합니다.

그래서 기독교 신학에서는 예수 그리스도를 '낳았다'고 표현할 때 그 의미는 '만들다'[made] 혹은 '태어나다'[born]라고 보지 않고 '나셨다'[begotten]라는 독특한 개념으로 설명합니다. 성경에서도 예수님을 일컬어 '독생하신 하나님'이라는 표현을 사용합니다.

(요 1:18) 본래 하나님을 본 사람이 없으되 아버지 품 속에 있는 독생하신 하나님이 나타내셨느니라

온 세계와 피조물은 하나님께서 만드셨지만,^made 성자 예수님은 성부 하나님에게서 나셨습니다.^begotten 3세기의 신학자 오리겐은 이것을 두고 "영원한 출생"^eternal generation이라는 말로 표현하였습니다. 그래서 피조물과 예수님 사이에는 그 존재적 특성에 있어 무한한 질적 차이가 있습니다.

"우리가 하나님의 자녀 됨과 예수님의 하나님 아들 되심의 차이"에 대해 하이델베르크 요리문답 33문에서는 이렇게 가르칩니다.

문: 우리도 하나님의 자녀인데 왜 그를 "하나님의 독생자"라 부릅니까?
답: 오직 그리스도만이 하나님의 영원하신 본성적인 아들이시며 우리는
    그리스도로 말미암아 은혜로 입양된 하나님의 자녀이기 때문입니다.

그리스도인들은 예수 그리스도가 하나님의 유일하신 아들이심을 믿는 사람들입니다.
(막 1:1) 하나님의 아들 예수 그리스도의 복음의 시작이라

나는 예수님의 "하나님"이신 속성^屬性, attributes과 "주님"이신 예수님과의 관계^關係, relation를 믿습니다

유대 문화와 헬라 문화에서 "주님"이라는 표현은 존경심을 나타내는 공손한 호칭입니다. 그러나 예수님의 죽으심과 부활 이후에 초대 교회가 예수님을 "바로 그 주님"^the Lord이라고 고백할 때 이 호칭은 단순한 존경의 의미 이상이었습니다. 유대인들은 모세의 십계명을 잘 따르겠다는 열정 때문에 하나님의 이름을 부르는 것마저도 조심하였습니다.

(출 20:7) 너는 네 하나님 여호와의 이름을 망령되게 부르지 말라 여호와는 그의 이름을 망령되게 부르는 자를 죄 없다 하지 아니하리라

그래서 하나님께서 모세에게 계시하셨던 "여호와"라는 하나님의 이름도 "신명 사문자"神名 四文字, "신성 사문자"神聖 四文字 또는 "xx"tetragrammaton, τετραγράμματον 이라고 일컫는 히브리어 네 글자יהוה, YHWH로 표기하고 이 글자를 "주님"을 뜻하는 히브리어 단어 "아도나이"라고 읽었습니다. 그리고 구약성경이 히브리어에서 헬라어로 번역되었을 때 하나님의 이름은 모두 "주님"을 뜻하는 헬라어 단어 '퀴리오스'κύριος로 표현하였습니다.

그런데 베드로는 오순절 성령강림 이후 대중 설교에서 "누구든지 주의 이름을 부르는 자는 구원받을 것"이라는 구약 요엘 선지자의 예언을 인용하면서
(욜 2:32) 누구든지 여호와의 이름을 부르는 자는 구원을 얻으리니 이는 나 여호와의 말대로 시온 산과 예루살렘에서 피할 자가 있을 것임이요 남은 자 중에 나 여호와의 부름을 받을 자가 있을 것임이니라

하나님을 지칭하는 "주"라는 표현을 예수님에게 적용시켰습니다.
(행 2:21) 누구든지 주의 이름을 부르는 자는 구원을 받으리라 하였느니라

구약의 말씀에 근거하면 인류의 죄 문제를 해결할 수 있는 분은 하나님뿐이십니다. 사람을 죽음에 이르게 한 이 죄는 본질적으로 하나님에 대한 것이었기 때문입니다. 만약 예수님이 하나님이 아니라면 인류의 죄 문제를 해결하고 구원할 수 없습니다. 이 신학적 의미를 알고 있던 종교지도자들 그러나 예수님이 하나님이심을 알지 못했던 종교 지도자들은 이렇게 질문합니다.

(막 2:7) 이 사람이 어찌 이렇게 말하는가 신성모독이로다 오직 하나님 한 분 외

에는 누가 능히 죄를 사하겠느냐

하지만 성자 하나님이 예수라는 이름으로 이 땅에 오셔서 십자가를 지시고 부활하신 것은 우리를 우리의 죄에서 구원하시는 "주"와 "그리스도"가 되기 위함이었습니다.

(롬 14:9) 이를 위하여 그리스도께서 죽었다가 다시 살아나셨으니 곧 죽은 자와 산 자의 주가 되려 하심이라

하나님은 아버지 하나님의 뜻에 순종하여 십자가에서 죽으신 예수님, 능력으로 부활하신 예수님을 "주"와 "그리스도"로 삼으셨습니다.

(행 2:36) 그런즉 이스라엘 온 집은 확실히 알지니 너희가 십자가에 못 박은 이 예수를 하나님이 주와 그리스도가 되게 하셨느니라 하니라

또한 성자 하나님이신 예수님이 경배받아야 마땅한 분이라는 것을 드러내시려고 천상천하의 모든 피조물로 하여금 예수님을 "주"로 고백하게 하셨습니다.

(빌 2:9~11) 9 이러므로 하나님이 그를 지극히 높여 모든 이름 위에 뛰어난 이름을 주사 10 하늘에 있는 자들과 땅에 있는 자들과 땅 아래에 있는 자들로 모든 무릎을 예수의 이름에 꿇게 하시고 11 모든 입으로 예수 그리스도를 주라 시인하여 하나님 아버지께 영광을 돌리게 하셨느니라

그리스도인은 그리스도 예수를 주님으로 받은 사람들입니다.

(골 2:6) 그러므로 너희가 그리스도 예수를 주로 받았으니 그 안에서 행하되

예수님은 하늘과 땅의 모든 권세를 가진 하나님의 아들, 주님, 곧 하나님이십니다.

(마 28:18) 예수께서 나아와 말씀하여 이르시되 하늘과 땅의 모든 권세를 내게 주셨으니

그리스도인은 예수를 주님으로 믿고 고백함으로 죄로부터 구원받는다는 것을 믿는 사람들입니다.
(롬 10:9) 네가 만일 네 입으로 예수를 주로 시인하며 또 하나님께서 그를 죽은 자 가운데서 살리신 것을 네 마음에 믿으면 구원을 받으리라

하나님께서 약속하고 보내신 유일한 구세주, 그리스도, 주님이신 예수님 외에는 구원의 길이 없습니다.
(행 4:12) 다른 이로써는 구원을 받을 수 없나니 천하 사람 중에 구원을 받을 만한 다른 이름을 우리에게 주신 일이 없음이라 하였더라

그리스도인은 이 예수님을 주님이라 부르며 그분께 예배하고 그분을 전파하는 사람들입니다.
(고전 1:2) 고린도에 있는 하나님의 교회 곧 그리스도 예수 안에서 거룩하여지고 성도라 부르심을 받은 자들과 또 각처에서 우리의 주 곧 그들과 우리의 주 되신 예수 그리스도의 이름을 부르는 모든 자들에게

여기에서 우리는 예수님의 출생 이전부터 주어졌던 성탄의 예언이 얼마나 길고 큰 구원 계획안에서 주어졌던 것인가를 뒤늦게야 깨닫게 됩니다.
(눅 2:11) 오늘 다윗의 동네에 너희를 위하여 구주가 나셨으니 곧 그리스도 주시니라

베들레헴에서 태어난 예수는 우리의 구주, 그리스도, 하나님의 아들이신 주

님이십니다.

하이델베르크 요리문답 34문은 이렇게 가르칩니다.

문: 당신은 왜 그를 "우리 주님"이라 부릅니까?
답: 그가 금이나 은이 아니라 그의 보혈로 우리의 몸과 영혼을 우리의 모든 죄로부터 구속하셨으며, 또한 마귀의 모든 권세로부터 구원하사 우리를 그 자신의 소유로 삼으셨기 때문입니다.

그리스도인들은 하나님의 아들 예수 그리스도를 하나님과 주님으로 믿고 경배하는 사람들입니다.
(요 20:28) 도마가 대답하여 이르되 나의 주님이시요 나의 하나님이시니이다

하나님께서 자기 백성을 저희 죄에서 구원하기 위해 구원자 "예수님"을 보냈다는 사실을 통해 우리는 인류가 죄인이며 구원 얻을 능력이 우리 안에 없음을 알게 됩니다. 영원하고 전능하신 하나님께서 인류의 구원자 예수님을 보내셨다는 사실에서 (그 하나님이 보내신 구원자가 실패한다는 것은 논리적으로도 불가능하기 때문에) 또 다른 구원자, 또 다른 구원의 길이 존재할 수 없다는 것도 알게 됩니다.

벨기에 신앙고백서 Belgic Confession, 1561 제10조는 이렇게 가르칩니다.

우리는 예수 그리스도께서 그의 신성 divine nature 에 따라 하나님의 독생하신 아들 the only-begotten Son 이시요, 영원부터 나셨으며, begotten from eternity 만들어지지 않으셨을 뿐 아니라 창조되지도 않으셨고, 성부와 동일한 본질 essence 이시고, 동등하게 영원하시며,

하나님의 영광을 반영하시고, 그 본성^{nature}의 참된 속성$^{\text{the very stamp}}$을 나타내시며,^{bear} 모든 것에 있어서 성부와 동등하신 분이심을 믿습니다. 그가 하나님의 아들이심은, 그가 우리의 본성(인성)을 취하실 때부터가 아니라 영원부터 그러하셨습니다.

역사신학자요 조직신학자인 제임스 패커$^{\text{James I. Packer}}$ 박사는 ① 하나님을 천지의 창조주라고 고백할 때 그리스도인은 불교나 힌두교에서 말하는 신과는 다른 신을 섬기고 있음이 드러나고 ② 예수님을 하나님의 아들, 그리스도, 주님이라고 고백하는 것이야말로 기독교 신앙의 기초이자 기독교를 유대교나 이슬람교와 구분 짓는 점이라고 말했습니다.[7]

오늘날 기독교인들의 착각 가운데 하나는 '우리는 신학은 바른데 실천이 부족하다'라는 평가입니다. 실제로 우리는 '잘못된 신학 때문에 잘못된 삶'을 살면서도 오류가 무엇인지 알지 못합니다. 하나님은 믿는다고 하지만 예수를 그리스도라고 믿지 않는 사람들에게 구원은 없습니다. 또한 예수를 그리스도로 믿는다고는 하지만 하나님과 주님으로 믿지 않는 사람들은 신앙 안에서 자신의 존재 목적이나 사명도 깨닫지 못할 뿐 아니라 성경 말씀에 나타난 하나님의 뜻을 위한 순종과 헌신도 중요하지 않게 생각합니다.

이에 대해 하이델베르크 요리문답 32문은 이렇게 가르칩니다.

문: 그런데 당신은 왜 그리스도인이라 불립니까?
답: 내가 믿음으로 그리스도의 지체가 되었고, 또한 그의 기름 부으심에
　　참여한 자가 되어 그의 이름을 고백하고, 나 자신을 감사의 산 제물로

---

7. 제임스 패커, 「사도신경」(원제, Growing in Christ), 김진웅 역, 아바서원, 2012, p.53.

그에게 드리며, 또한 이 땅에 사는 동안 자유롭고 선한 양심으로 죄와 마귀를 대적하여 싸우며, 그 이후로는 그와 함께 영원히 모든 피조물을 통치할 것이기 때문입니다.

우리 그리스도인들은 이 땅에서 예수님의 증인이 되어 '선지자'로 살고, 자신을 감사의 제물로 드리는 '제사장'으로 살고, 죄와 마귀에게 대항하여 싸우는 '왕'으로 사는 사람들입니다. 예수님을 그리스도, 하나님의 아들, 주님, 하나님으로 믿어 구원받고 그 믿음 안에서 작은 그리스도로 사는 하나님의 자녀들입니다.

Chapter 4

성령으로 잉태되어
동정녀 마리아에게서 나신 예수님을
그리스도 주님으로 믿습니다

누가복음 1장 26~28절
여섯째 달에 천사 가브리엘이 하나님의 보내심을 받아
갈릴리 나사렛이란 동네에 가서 다윗의 자손 요셉이라 하는 사람과
약혼한 처녀에게 이르니 그 처녀의 이름은 마리아라
그에게 들어가 이르되 은혜를 받은 자여 평안할지어다
주께서 너와 함께 하시도다 하니

성령으로 잉태되어 동정녀 마리아에게서 나신 예수님을 그리스도 주님으로 믿습니다

사도신경 3문장은 예수님이 성령으로 잉태되심과 동정녀를 통해 나셨음을 고백하는 내용입니다. 옛 번역은 "이는 성령으로 잉태하사 동정녀 마리아에게 나시고"이고, 새 번역은 "그는 성령으로 잉태되어 동정녀 마리아에게서 나시고"입니다.

사도신경의 두 번째 문장이 "예수님은 어떤 분이신가?" 혹은 "예수님을 누구로 믿어야 하는가?"에 초점을 맞춘 고백이라면 마 1:18~25과 눅 1:26~38에 근거한 사도신경 세 번째 문장은 "그리스도 나심의 방법과 그 의미"에 관한 내용을 고백하고 있습니다. 예수님의 성령 잉태와 동정녀 탄생에 대한 신앙고백은 예수님의 두 가지 정체성, 곧 "예수님은 완전한 인간이며 완전한 하나님이신 그리스도"라는 의미를 담고 있는 고백입니다.

동정녀 탄생은 신화적 허구인가? 역사적 사실인가?

비기독교인들은 예수님이 '성령으로 잉태되셨다'는 사실은 신화로 여기고, '동정녀를 통해 나셨다'는 사실은 상식적으로 있을 수 없는 일이라며 비웃습니다. 그나마 종교를 연구한다는 학자들은 '기독교의 성령 잉태와 동정녀 탄생 교리는 기독교 공동체가 후대에 지어낸 이야기'라며 이것을 교주의 신격화 과정으로 이해하려 합니다.

그런데 기독교인이라고 일컫는 사람들 가운데서도 성령 잉태와 동정녀 탄생을 믿지 않는 사람이 많습니다. 예를 들어, 미국 성공회 사제이고 주교까지 역임했던 존 셀비 스퐁$^{John\ Shelby\ Spong,\ 1931~2021}$ 신부는 「만들어진 예수, 참 사람 예수」라는 책에서 '예수의 부모는 소설적 합성물'이라고 주장할 뿐 아니라 다른 곳에서는 '예수의 동정녀 탄생'은 기독교의 '입구 신화'이고, '예수의 부활'은 기독교의 '출구 신화'라는 말까지 했다고 합니다.[8]

비기독교인뿐만 아니라 기독교 성직자인 사람조차도 사람의 생명이 성령으로 잉태된다는 것과 남자를 알지 못하는 동정녀가 아이를 낳는다는 것을 믿지 못하는 것은 이 사건이 그만큼 독특한 기적이라는 방증$^{傍證,\ circumstantial\ evidence}$이기도 합니다. 그러나 '한 번 일어난 사건이 두 번 일어나지 않는다', 혹은 '다시는 일어날 수 없는 일'이라고 해서 '그 사건 자체가 존재하지 않았다'고 단정적으로 말할 수는 없습니다. 또한 반복해서 일어나는 일이라면 그 사건이 가지는 고유하고 절대적인 가치는 상실되고 보편적인 일이 되고 마는데 인류의 구세주 그리스도 예수의 탄생이 반복해서 일어날 성격의 일은 아니지 않습니까?

---

8. 앨버트 몰러, 「오늘 나에게 왜 사도신경인가?」(원제, The Apostles' Creed), 조계광 역, 생명의 말씀사, 2019, pp.82~83.

성경이 기록하는 마리아의 잉태와 그리스도 예수님의 탄생 이야기

그리스도의 출생에 관한 성경의 스토리를 정리해 보면 2천여 년 전, 어느 날 마리아를 찾아온 천사는 남자와 동침한 적이 없는 그녀가 잉태하여 아들을 출산할 것을 예고합니다.

(눅 1:31) 보라 네가 잉태하여 아들을 낳으리니 그 이름을 예수라 하라

남자와 여자의 만남, 난자$^{卵子, ovum}$와 정자$^{精子, sperm}$의 만남이 아니고서는 생명이 잉태될 수 없다는 것은 인류가 존재해 온 이래로 누구나 알고 있는 법칙이고 진리였기에 마리아 역시 매우 당혹스러워 천사에게 되물었습니다.

(눅 1:34) 마리아가 천사에게 말하되 나는 남자를 알지 못하니 어찌 이 일이 있으리이까

천사는 (남녀의 성관계가 아닌) 성령의 임재를 통한 능력의 역사로 이 일이 일어나게 될 것이라고 말합니다.

(눅 1:35) 천사가 대답하여 이르되 성령이 네게 임하시고 지극히 높으신 이의 능력이 너를 덮으시리니 이러므로 나실 바 거룩한 이는 하나님의 아들이라 일컬어지리라

마리아는 이런 일을 이해할 수는 없었지만, 하나님의 전능하심에 대한 믿음으로 이 말씀을 받아들였습니다.

(눅 1:38) 마리아가 이르되 주의 여종이오니 말씀대로 내게 이루어지이다 하매 천사가 떠나가니라

그러나 약혼자의 임신을 알게 된 요셉은 당혹스러웠습니다. 요셉으로서는

"나의 아기"가 아닌 다른 남자의 아기를 임신한 약혼녀의 불륜을 의심할 수밖에 없는 상황이었기 때문입니다.

(마 1:19) 그의 남편 요셉은 의로운 사람이라 그를 드러내지 아니하고 가만히 끊고자 하여

그때 요셉의 꿈에 천사가 나타나 마리아가 처녀 상태임을 분명히 알려 주고 이 잉태는 불륜에 의한 것이 아니라 성령에 의한 것이라고 가르쳐 줍니다.

(마 1:20) 이 일을 생각할 때에 주의 사자가 현몽하여 이르되 다윗의 자손 요셉아 네 아내 마리아 데려오기를 무서워하지 말라 그에게 잉태된 자는 성령으로 된 것이라

그리고 이런 놀라운 일이 마리아와 요셉에게 일어나는 것은 하나님의 특별한 의도와 목적 아래 성경이 예언한 바를 이루시기 위함이라고 계시합니다.

(마 1:22) 이 모든 일이 된 것은 주께서 선지자로 하신 말씀을 이루려 하심이니

이 상황에 대한 미심쩍음 때문이었는지 아니면 천사가 계시한 하나님의 일하심에 대한 경외심 때문이었는지 알 수는 없지만 요셉은 아들을 낳을 때까지 마리아와 동침하지 않았습니다.

(마 1:25) 아들을 낳기까지 동침하지 아니하더니 …

그리고 때가 되자 천사의 예고대로 마리아는 출산을 하게 됩니다.

(눅 2:7) 첫아들을 낳아 강보로 싸서 구유에 뉘었으니 이는 여관에 있을 곳이 없음이러라

그리스도인들은 인류의 구세주 그리스도이신 예수님이 이런 과정 속에서

세상에 오셨음을 믿는 사람입니다.

성령 잉태와 동정녀 탄생의 의미

이스라엘 백성은 구약의 예언을 따라 하나님의 메시아 그리스도를 기다리기는 했지만, 그리스도가 언제 그리고 어떤 모습으로 오실지는 알지 못했습니다. 그리스도 공동체 역시 예수님이 십자가를 지고, 죽임당하시고, 부활하고, 승천하신 이후에야 그리스도이신 예수님이 이 땅에 오신 방식과 거기에 담긴 신비를 깨닫기 시작했습니다. 이 사건은 재현再現, reenact되거나 다른 형태로 반복될 수 없는 종결적終結的이고, 완결적完結的, conclusive인 사건이며 하나님이 계획하고 실행하신 일이라 우리의 지혜로는 완벽하게 설명할 수도 없는 일입니다.

신학자 게할더스 보스Geerhardus Johannes Vos, 1862~1949는 성육신의 사건을 두고 "선재先在하시는 메시아가 인간성human nature 안에 들어오시며, 초역사적인 분이 역사의 흐름 속으로 들어오시는 사건"이라는 말을 했습니다. 필자는 이것을 "창조주 하나님이 피조물의 존재 양식인 시간과 공간 안으로 들어오신 자기 제한의 사건"이라고 말하고 싶습니다. 신학적으로는 성자 하나님께서 성령으로 잉태되어 동정녀 마리아에게서 그리스도로 나심을 일컬어 성육신成肉身, incarnation이라고 합니다.

성육신의 사건 앞에서 우리는 이런 질문을 할 수 있습니다. 하나님의 전능하신 능력만 두고 본다면 하나님이 구세주로 세상에 오실 때 전능한 신의 모습 자체로도 나타나실 수 있었을 텐데 왜 굳이 성령으로 잉태되면서까지 인간으로 오셨을까요? 그것도 여인의 태중에서 10개월의 시간을 보내고 성장의 기간을 보내는 방식을 택하셨을까요? 이 질문에는 몇 가지 대답이 가능합니다.

첫째, 예수님의 성령 잉태와 동정녀 탄생의 성육신 사건은 그리스도에 관한 구약의 예언을 성취하기 위함입니다.

예수님 탄생 700여 년 전에 이사야 선지자는 '그리스도가 처녀를 통해 잉태되고 나실 것'을 예언하였습니다.

> (사 7:14) 그러므로 주께서 친히 징조를 너희에게 주실 것이라 보라 처녀가 잉태하여 아들을 낳을 것이요 그의 이름을 임마누엘이라 하리라

또 우리의 구원자, 중보자, 메시아, 그리스도는 역사 안에서 어느 한 날 그 존재가 시작되는 피조물이 아니라 '영원부터 존재하시는 하나님 같은 분'이라고 예언하였습니다.

> (사 9:6) 이는 한 아기가 우리에게 났고 한 아들을 우리에게 주신 바 되었는데 그의 어깨에는 정사를 메었고 그의 이름은 기묘자라 모사라 전능하신 하나님이라 영존하시는 아버지라 평강의 왕이라 할 것임이라

이사야와 비슷한 시대에 활동했던 미가 선지자 역시 '이스라엘을 다스릴 자는 그 근본이 상고에, 영원에 있는 분'이라고 예언하였습니다.

> (미 5:2) 베들레헴 에브라다야 너는 유다 족속 중에 작을지라도 이스라엘을 다스릴 자가 네게서 내게로 나올 것이라 그의 근본은 상고에 영원에 있느니라

"전능하신 하나님", "영존하시는 아버지"로 불리는 그분, "그의 근본은 상고에 영원"에 있는 "그 다스리는 자", "중보자", "그리스도"가 다윗의 자손으로 이

땅에 오실 것이라는 예언을 바리새인들도 알고 있었습니다.

> (마 22:42) 너희는 그리스도에 대하여 어떻게 생각하느냐 누구의 자손이냐 대답하되 다윗의 자손이니이다

우리의 영원한 구원자가 여인의 후손으로, 인간으로 이 땅에 오실 것이라는 말씀은 인류의 기원이 되는 에덴동산의 사건에서부터 이미 예언하셨던 내용입니다.

> (창 3:15) 내가 너로 여자와 원수가 되게 하고 네 후손도 여자의 후손과 원수가 되게 하리니 여자의 후손은 네 머리를 상하게 할 것이요 너는 그의 발꿈치를 상하게 할 것이니라 하시고

그리스도이신 예수님이 바로 이 방법으로 이 땅에 오셨습니다.

> (마 1:22~23) 22 이 모든 일이 된 것은 주께서 선지자로 하신 말씀을 이루려 하심이니 이르시되 23 보라 처녀가 잉태하여 아들을 낳을 것이요 그의 이름은 임마누엘이라 하리라 하셨으니 이를 번역한즉 하나님이 우리와 함께 계시다 함이라

'여자의 후손'으로 여인을 통해 '다윗의 자손'으로 다윗 집안에서 "전능하신 하나님", "영존하시는 아버지", "그의 근본은 상고에 영원"에 있는 성자 하나님이 "그 다스리는 자"(중보자, 그리스도)로 이 땅에 오신 것입니다.

둘째, 예수님의 "동정녀 탄생"은 그리스도가 "완전한 인간"이심을 보여 주는 증거입니다.

우리의 구세주가 인간이 아니라면 인류의 대표자가 될 수 없을 것입니다. 그런 점에서 우리 인간을 구원하기 위한 구세주는 인간이셔야만 합니다. 예수

님은 인간으로 가장한 하나님 혹은 인간으로 나타난 영적 존재가 아닙니다(가현설假現說은 이단). 사도 요한 시대에 벌써 예수님의 육체 탄생을 부정하는 사람들이 있었나 봅니다. 그래서 사도 요한은 성도들과 교회들을 향해 이렇게 편지했습니다.

> (요일 4:2~3) 2 이로써 너희가 하나님의 영을 알지니 곧 예수 그리스도께서 육체로 오신 것을 시인하는 영마다 하나님께 속한 것이요 3 예수를 시인하지 아니하는 영마다 하나님께 속한 것이 아니니 이것이 곧 적그리스도의 영이니라 오리라 한 말을 너희가 들었거니와 지금 벌써 세상에 있느니라

이 부분에서 우리는 이런 질문이 가능합니다. '성자 하나님은 왜 굳이 동정녀, 그것도 마리아를 통해 나셨을까요?' 이 질문 앞에서 사람들이 종종 오해하는 부분은 마리아가 동정녀이기 때문에 예수님이 죄가 없다고 생각하는 것입니다. 성자 하나님의 무죄성은 마리아의 처녀성과 연관되는 개념이 아닙니다. 마리아가 동정녀이기 때문에 죄가 없다고 한다면 성관계 경험이 없는 우리의 자녀들은 다 죄가 없어야 하는데 우리의 어린 자녀들이 죄가 없다고 생각하십니까?

성자 하나님이 마리아를 통해 나심에 관하여 잘못된 두 가지 신학적 오해가 있습니다.[9] 첫째는 성자 하나님께서 마리아의 몸에서 살과 피를 취하시며 인성을 취하신 것이 아니라 마리아의 몸을 단순한 '출생 경로'로 사용하신 것이라는 오해입니다. 둘째는 성자 하나님의 출생에 마리아가 결정적인 역할을 한 것으로 여기고 마리아를 지나치게 강조하여 "하나님의 어머니", 곧 "성모"聖母라고 부른다든지 마리아의 무죄 잉태설,Conception without Original Sin 평생 무죄설,No any personal sin 평생 처녀설,Perpetual Virginity 마리아 승천설,Assumption of Mary to Heaven 하늘의 여왕,Queen of

---

[9]. 손재익, 「사도신경 12문장에 담긴 기독교 신앙」, 디다스코, 2017, pp.144~145

^{Heaven} 마리아 보호설,$^{\text{Mary's Protection of Believers}}$ 마리아 중보설, 마리아 성현 숭배 등을 주장하는 것입니다.

셋째, 예수님의 "성령 잉태"는 그리스도가 "완전한 하나님"이심을 보여 주는 증거입니다.

우리는 인간의 존재 안에서 원죄가 어떻게 이어져 유전되는지 정확히 알지 못합니다. 그러나 우리는 경험적으로 우리 자신 안에 존재하는 죄성을 분명히 알고 있습니다. 자연적 출생을 통해 태어나는 모든 인류는 죄 가운데 있다는 것을 다윗은 이렇게 표현하였습니다.

> (시 51:5) 내가 죄악 중에서 출생하였음이여 어머니가 죄 중에서 나를 잉태하였 나이다

사도 바울 역시 인류의 영적 현실을 두고 이렇게 말했습니다.

> (롬 3:10) 기록된 바 의인은 없나니 하나도 없으며

그러나 예수님은 성령으로 잉태되고 출생하신 성자 하나님으로서 죄책$^{\text{Original guilt}}$과 오염$^{\text{Original pollution}}$이 없는 분이라 속죄도, 성화도 필요치 않으신 분, 한마디로 죄가 없는 분이십니다.

> (히 4:15) 우리에게 있는 대제사장은 우리의 연약함을 동정하지 못하실 이가 아 니요 모든 일에 우리와 똑같이 시험을 받으신 이로되 죄는 없으시니라

예수님은 어느 시점(예를 들어, 세례받고 성령이 임한 시점)에 하나님의 아들로 입양되거나(양자론養子論), 어떤 사건(예를 들어, 부활)을 계기로 하나님의 아들로 인정받거나 하나님의 아들이 '된' 것이 아니라 본질적으로 하나님의

아들이었습니다.

> (골 1:15~17) 15 그는 보이지 아니하는 하나님의 형상이시요 모든 피조물보다 먼저 나신 이시니 16 만물이 그에게서 창조되되 하늘과 땅에서 보이는 것들과 보이지 않는 것들과 혹은 왕권들이나 주권들이나 통치자들이나 권세들이나 만물이 다 그로 말미암고 그를 위하여 창조되었고 17 또한 그가 만물보다 먼저 계시고 만물이 그 안에 함께 섰느니라

죄 가운데 태어난 인간이 하나님 앞에 범죄한 인간의 죄 문제를 해결할 수는 없습니다. 그러므로 인간의 죄 문제를 해결하려면 우리의 구세주는 하나님이셔야만 합니다. 예수님의 성령 잉태는 예수님이 인간을 위한 중보자 그리스도이시되 그분의 존재는 하나님이심을 가르쳐 주는 사건입니다.

논리적으로 보자면 성령으로 잉태된 아이를 출산하는 것은 동정녀가 아니더라도 어떤 여인이든 가능한 일이지만 동정녀인 여인에게서 아이가 태어나는 것은 성령으로 잉태되지 않고서는 불가능한 일입니다. 그런 점에서 동정녀 탄생을 고백하는 것은 "동정녀" 혹은 "마리아"에게 초점이 있는 것이 아니라 "성령 잉태"에 초점이 있는 고백이라고 보아야 합니다.

넷째, 예수님이 인간이기만 하다면 그분 역시 구속救贖이 필요한 죄인일 뿐입니다.

예수님이 하나님이기만 하다면 그분은 인류의 죄를 대신할 대표성이 없습니다. 그래서 인간으로 오신 하나님이신 그리스도야말로 하나님과 인간 사이의 유일한 중보자, 화목의 길입니다.

> (딤전 2:5) 하나님은 한 분이시요 또 하나님과 사람 사이에 중보자도 한 분이시니

곧 사람이신 그리스도 예수라

이에 대해 11세기 스콜라 철학자 안셈[안셀름, Anselm of Canterbury, 1033~1109]은 "메시아가 무한한 속전을 치르고 부활하여 우리의 구원을 성취하기 위해서는 하나님이어야 하지만 아담과 그 선택받은 후손을 참으로 합당하게 대변하기 위해서는 인간이어야 한다"라고 말했습니다.[10] 이 주제에 관해서는 하이델베르크 요리문답 16문과 17문에서도 가르칩니다.

> 문: 중보자는 왜 참 사람이셔야 하고, 또한 완전히 의로운 분이셔야 합니까?
> 답: 죄를 범한 동일한 인간 본성이 죄에 대해 보상할 것을 하나님의 공의가 요구하기 때문이요, 또한 스스로 죄인인 자는 다른 이들을 대신하여 보상해 줄 수가 없기 때문입니다.

> 문: 중보자는 왜 동시에 참된 하나님이셔야 합니까?
> 답: 그것은 그의 신성의 능력으로, 하나님의 진노의 짐을 그의 인성에 짊어지시기 위함이며, 또한 우리를 대신하여 의와 생명을 얻으사 우리에게 회복시키기 위함입니다.

인류의 구원은 사람의 통상적인 상식과 일반적인 행위를 통해서는 불가능하고 하나님의 초자연적 개입과 능력으로서만 가능할 만큼 인간의 죄는 깊고 악합니다. 우리는 그리스도의 성령 잉태와 동정녀 탄생을 믿지 못하겠다고 비웃을 것이 아니라 이렇게까지 행하시면서 우리를 구원하시려는 하나님께 감동해야 마땅한 일입니다.

---

10. 마이클 호튼, 「사도신경의 렌즈를 통해서 보는 기독교 핵심」(원제, We believe), 윤석인 역, 부흥과개혁사, 2005, p.110.

예수님은 우리와 같이 여인의 몸을 통해 인간으로 태어나셨습니다. 예수님은 완전한 인간입니다. 예수님은 성령으로 잉태되셨습니다. 예수님은 하나님의 아들, 즉 완전한 하나님이십니다. 예수님은 완전한 인간, 완전한 하나님이시기에 우리의 중보자가 되십니다. 예수님이 완전한 인간이시기에 우리의 죄를 대신하시고, 예수님이 완전한 하나님이시기에 우리의 죄를 사하십니다. 이 신앙이 왜 중요한지 하이델베르크 요리문답 36번은 이렇게 가르칩니다.

> 문: 그리스도의 거룩한 잉태와 탄생에서 당신은 어떤 유익을 얻습니까?
> 답: 그는 우리의 중보자시며, 따라서 내가 잉태되고 출생할 때부터 지니고 있는 나의 죄를 그가 하나님 앞에서 그의 무죄하심과 완전한 거룩하심으로 가려 주시는 유익을 얻습니다.

마리아를 덮었던 성령의 은혜, 그 결과로 처녀가 잉태하는 불가사의한 일을 이루셨던 하나님의 그 능력이 완악한 우리를 덮어 죄인이 구원받게 하십니다. '예수님의 인간 되심'이 '인류를 대표'하고, '예수님의 하나님이심'이 '인류의 속죄의 근거'가 된 것처럼 우리가 당한 아픔이 누군가에게 공감적 위로가 되고 우리의 확실한 신앙이 누군가에게는 등대가 됩니다. 연약함 가운데 사는 모든 분에게 친구와 위로자가 되고 확고한 믿음, 흔들리지 않는 사도신경의 신앙으로 진리의 안내자가 될 수 있는 그리스도인들이 되시기를 바랍니다.

성령 잉태와 동정녀 탄생이라는 성육신에 대한 교회 전통에서의 가르침을 벨기에 신앙고백서 제18조에서는 이렇게 정리합니다.

> 그러므로 우리는 하나님께서 당신의 거룩한 선지자들의 입을 통하여 조상들에게 하신 그 약속을 성취하기 위하여, 당신께서 정하신 때에, 당신의 독생하시고 영원

한 아들을 세상에 보내셨으니, 그 아들은 종의 형체를 취하사 사람과 같은 모양으로 태어나셨음을 고백합니다(빌 2:7). 그분은 진실로 모든 연약함을 가진 참된 사람의 본성을 취하셨으되, 죄는 없으십니다. 왜냐하면 그분은 사람의 행위에 의한 것이 아닌 성령의 능력으로 말미암아 복된 동정녀 마리아의 모태에서 잉태되셨기 때문입니다. 그분은 인성을 입으심에 있어서 육체에 대해서만이 아니라 참된 사람의 영혼에 대해서도 인성을 취하심으로써, 참된 사람이 되셨습니다. 왜냐하면 사람이 육체를 잃었을 뿐만 아니라 영혼도 잃었기 때문에 둘 다 구원하시기 위해서 둘 다를 취하셔야만 했기 때문입니다. … 우리는 그리스도께서 자녀들의 혈육에 함께 속하셨음을 고백합니다(히 2:14). 그리스도께서는 다윗의 허리에서 나신 자요(행 2:30), 육신으로는 다윗의 자손으로 나신 자며(롬 1:3), 동정녀 마리아의 태의 열매요(눅 1:42), 여인에게서 나셨고(갈 4:4), 다윗의 가지이시며(렘 33:15), 육신으로는 유대인의 자손이시며(롬 9:5), 성자께서는 아브라함의 후손들과 연관되시므로 아브라함의 씨입니다. 그러므로 그는 모든 면에 있어서 형제들과 같이 되셨으나 죄는 없으십니다(히 2:16~17; 4:15). 이와 같이 그분은 진실로 우리의 임마누엘 곧 "하나님이 우리와 함께 계심"이십니다(마 1:23).

그리스도인은 무엇을 믿는 사람들입니까? 우리는 성령으로 잉태되어 동정녀 마리아에게서 나신 예수 그리스도를 완전한 인간이며 완전한 하나님으로 믿습니다!

Chapter 5

십자가에서 죽으신 예수님을
그리스도 주님으로 믿습니다

이사야 53장 2~5절

그는 주 앞에서 자라나기를 연한 순 같고 마른 땅에서 나온
뿌리 같아서 고운 모양도 없고 풍채도 없은즉
우리가 보기에 흠모할 만한 아름다운 것이 없도다
그는 멸시를 받아 사람들에게 버림 받았으며
간고를 많이 겪었으며 질고를 아는 자라 마치 사람들이
그에게서 얼굴을 가리는 것 같이 멸시를 당하였고
우리도 그를 귀히 여기지 아니하였도다
그는 실로 우리의 질고를 지고 우리의 슬픔을 당하였거늘
우리는 생각하기를 그는 징벌을 받아 하나님께 맞으며
고난을 당한다 하였노라 그가 찔림은 우리의 허물 때문이요
그가 상함은 우리의 죄악 때문이라 그가 징계를 받으므로 우리는
평화를 누리고 그가 채찍에 맞으므로 우리는 나음을 받았도다

십자가에서 죽으신 예수님을
그리스도 주님으로 믿습니다

　사도신경 4문장은 예수님께서 받으신 수난, 즉 낮아지심에 관한 고백입니다. 옛 번역은 "본디오 빌라도에게 고난을 받으사 십자가에 못 박혀 죽으시고 장사한"이고, 새 번역은 "본디오 빌라도에게 고난을 받아 십자가에 못 박혀 죽으시고 장사된"입니다.

　그리스도인들은 하나님의 구세주 메시아 그리스도께서 수난(고난)을 겪어야만 한다고 예언된 구약성경을 하나님의 말씀으로 믿습니다. 그러므로 능욕을 받으시고, 십자가에 달리시고, 죽임을 당하시는 예수님을 무능력하고 무기력한 실패자로 보지 않고 승리하신 그리스도로 알아볼 수 있고, 믿을 수 있습니다.

수난受難, suffering이라는 단어의 문자적 의미는 '견디기 힘든 어려운 일을 당하는 것'입니다. 보편적으로 기독교 절기로써의 수난을 말할 때는 '예수님의 예루살렘 입성에서부터 십자가 죽음'까지를 말하지만, 신학적으로 수난은 예수님의 인간으로의 출생, 구유에 누이심, 헤롯의 살해 위협을 피한 이집트로의 도피, 어려운 가정 형편(어린 비둘기로 속죄제를 드릴 정도), 머리 둘 곳 없었던 공생애 기간의 삶, 형제들로부터의 외면, 고향 사람들로부터의 배척, 종교 지도자들로부터의 공격, 제자들의 배신, 죄인처럼 잡히심, 의인이 죄인들에게 조롱당하심, 매 맞음과 십자가 죽음 등 '예수님의 오심부터 죽음까지의 전체 생애'를 수난으로 봅니다. 동시에 예수님의 수난은 예수님의 육체에만 국한된 것이 아니라 몸, 정신, 영혼 모두에 해당됩니다. 신학에서는 예수님의 전 생애 삶과 전인격적인 수난을 일컬어 "그리스도 고난의 전체성"全體性이라고 칭합니다.

본디오 빌라도에게 고난을 받아

첫 번째로 살펴볼 주제는 예수님의 수난에 관한 내용입니다.

사도신경 신앙고백 안에 로마 제국 정치가의 이름이 언급된 것이 이상합니다. 예수님이 십자가에 매달리게 된 직접적 책임을 두고 보자면 본디오 빌라도보다는 가룟 유다나 종교 권력자 가야바의 이름이 들어가는 것이 더 합당하다고 생각하는 분들도 계실 것입니다. 그런데 "본디오 빌라도에게" 고난을 받으셨다는 문장은 예수님이 십자가에 달림에 있어 본디오 빌라도의 죄가 누구보다도 더 많아서가 아니라 십자가 사건의 역사적 사실성을 강조하기 위함입니다. 이 문장을 더 정확하게 번역하자면 예수님이 본디오 빌라도의 '통치 아래에서' 고난을 당하셨다는 뜻입니다.

예수님의 이야기는 아무도 보지 못한 "옛날 옛적 호랑이가 담배 피우던 시절" 이야기 혹은 검증할 수 없는 "누군가가 지어낸 허구적 창작"이 아닙니다.

> (눅 3:1~2) 1 디베료 황제가 통치한 지 열다섯 해 곧 본디오 빌라도가 유대의 총독으로, 헤롯이 갈릴리의 분봉 왕으로, 그 동생 빌립이 이두래와 드라고닛 지방의 분봉 왕으로, 루사니아가 아빌레네의 분봉 왕으로, 2 안나스와 가야바가 대제사장으로 있을 때에 하나님의 말씀이 빈 들에서 사가랴의 아들 요한에게 임한지라

예수님은 헤롯 대왕의 둘째 아들 헤롯 안티파스 2세*가 유대 지역 분봉왕으로 다스릴 때 로마 황제 가이우스 율리우스 케사르 옥타비아누스*가 다스리던 시대에 베들레헴에서 태어나셨고, 제2대 로마 황제 티베리우스 율리우스 카이사르 아우구스투스*가 다스리던 때, 기원후 26년에서 36년 사이 유대 속주의 다섯 번째 총독행정장관이었던 본디오 빌라도* 치하의 예루살렘에서 십자가에 못 박히고 죽임당하셨습니다.

예수님은 이 땅에서 사역하시는 동안 자신이 성경에서 예언한 "바로 그 그리스도"이심을 분명히 밝히셨습니다.

> (마 26:63~64) 63 … 대제사장이 이르되 내가 너로 살아 계신 하나님께 맹세하게 하노니 네가 하나님의 아들 그리스도인지 우리에게 말하라 64 예수께서 이르시되 네가 말하였느니라 그러나 내가 너희에게 이르노니 이 후에 인자가 권능의 우편에 앉아 있는 것과 하늘 구름을 타고 오는 것을 너희가 보리라 하시니

그러나 성육신을 통한 하나님의 구원 계획을 이해할 수 없었고, 예수님의

---

* 헤롯 안티파스 2세(Herod Antipatar II, BC. 55~43)
* 가이우스 율리우스 케사르 옥타비아누스(Gaius Julius Caesar Octavianus, BC. 29년 1월 15일 ~ AD. 14년 8월 19일 통치)
* 티베리우스 율리우스 카이사르 아우구스투스(Tiberius Julius Caesar Augustus, AD. 14년 9월 17일 ~ 37년 3월 16일 통치)
* 본디오 빌라도(Pontius Pilatus, AD. 26~36년 재임)

말씀을 받아들일 수 없었던 종교 지도자들은 예수님을 신성 모독죄로 정죄하고 사형에 처하기로 합의합니다.

(마 26:65~66) 65 이에 대제사장이 자기 옷을 찢으며 이르되 그가 신성모독 하는 말을 하였으니 어찌 더 증인을 요구하리요 보라 너희가 지금 이 신성모독 하는 말을 들었도다 66 너희 생각은 어떠하냐 대답하여 이르되 그는 사형에 해당하니라 하고

로마 치하 속국으로써 독립적 사법권을 가지지 못했던 유대 지도자들은 자체적인 재판으로는 예수에게 사형을 실행할 수 없었기에 로마 총독의 재판을 통해 이 일을 실행하기로 모의합니다.

(마 27:1~2) 1 새벽에 모든 대제사장과 백성의 장로들이 예수를 죽이려고 함께 의논하고 2 결박하여 끌고 가서 총독 빌라도에게 넘겨 주니라

이때 유대 종교 지도자들은 로마의 재판부가 신성모독 죄라는 종교적 죄목으로 예수를 처벌하지는 않을 것을 알았기 때문에 로마 제국에 대한 반역과 내란의 죄목으로 예수를 고소합니다.

(요 18:31) 빌라도가 이르되 너희가 그를 데려다가 너희 법대로 재판하라 유대인들이 이르되 우리에게는 사람을 죽이는 권한이 없나이다 하니

당시 예수님에 대한 최종 판결의 권한을 가진 본디오 빌라도는 법적, 정치적 권위를 대표하는 인물입니다. 빌라도는 자신을 왕이라 칭하는 예수에게서 반란을 위한 어떠한 무력 조직이나 세력도 찾아볼 수 없었다는 점에서 예수님을 사형시킬 만한 혐의가 없다는 것을 세 번이나 반복하여 선언하였습니다.

(눅 23:4) 빌라도가 대제사장들과 무리에게 이르되 내가 보니 이 사람에게 죄가 없도다 하니

(눅 23:14) 이르되 너희가 이 사람이 백성을 미혹하는 자라 하여 내게 끌고 왔도다 보라 내가 너희 앞에서 심문하였으되 너희가 고발하는 일에 대하여 이 사람에게서 죄를 찾지 못하였고
(눅 23:22) 빌라도가 세 번째 말하되 이 사람이 무슨 악한 일을 하였느냐 나는 그에게서 죽일 죄를 찾지 못하였나니 때려서 놓으리라 하니

빌라도는 예수님의 무죄함을 확신하였고 유대인들의 고소에 맞서 예수님을 놓으려고 힘썼습니다.
(요 19:12) 이러하므로 빌라도가 예수를 놓으려고 힘썼으나 유대인들이 소리 질러 이르되 이 사람을 놓으면 가이사의 충신이 아니니이다 무릇 자기를 왕이라 하는 자는 가이사를 반역하는 것이니이다

그러나 자신이 통치하는 유대 지역에서 대중의 민심과 사회질서의 혼란이 두려웠던 빌라도는 자신이 무죄하다고 선언한 예수님을 결국에는 사형에 넘겨주고 맙니다.
(마 27:24) 빌라도가 아무 성과도 없이 도리어 민란이 나려는 것을 보고 물을 가져다가 무리 앞에서 손을 씻으며 이르되 이 사람의 피에 대하여 나는 무죄하니 너희가 당하라

이 점에서 본디오 빌라도는 십자가형에 대한 최종적 판결을 내린 사람이 되고 맙니다. 인류의 죄를 대속하는 구세주이신 예수님께서 재판의 과정에서도 빌라도 자신의 안위를 위하여 죽음에 넘겨졌다는 점에서 예수님은 희생제물이심이 더 분명하게 드러납니다.

예수님의 빌라도 재판 이야기를 모세 율법에 근거한 제사의 이야기로 각색

해 보면, 유대 대제사장과 산헤드린 공회 대표자들이 하나님 앞에서의 유월절 제사를 위해 어린 양을 끌고 옵니다. 세상 권력의 대표자였던 총독 빌라도가 말합니다. "이 어린 양은 흠이 없이 깨끗하다. 그러니 잡아 죽여라!" 이것이 십자가에서 일어난 제사, 구약의 율법을 만족시키는 제사, 우리의 구원을 이루는 영원한 단번의 대속의 제사였습니다.

세속 권력의 대표자였던 본디오 빌라도의 재판 과정을 통해 우리가 알 수 있는 사실은,

첫째, 예수님이 받으셨던 재판, 고난, 십자가 판결이 한 개인에 의해 이루어진 것이 아니라 공적 권력에 의해, 공적 과정을 통해, 공적 장소에서, 공개적으로 이루어졌다는 것을 알 수 있습니다.

둘째, 본디오 빌라도의 판결은 그리스도에 대한 세상의 거부를 대표하는 것으로서 예수님은 세상으로부터, 그들의 백성으로부터 공개적으로 거부당하셨다는 것을 알 수 있습니다. 창조주이신 분이 피조물들에게 거부당하셨습니다. 구세주이신 분이 구원받아야 할 사람들에게서 거부당하셨습니다. 하나님이 인간들에게 거부당하셨습니다.

셋째, 예수님의 재판과 처형 과정에서 가룟 유다를 비롯한 제자들, 불특정의 유대인 군중, 유대 종교 지도자들, 로마의 총독, 로마의 군병이 예수님을 향해 보여 준 행동은 같은 모습으로 곧 인간의 죄성입니다.

넷째, 우리는 세속 권력을 대표하는 본디오 빌라도의 판단을 통해 이 땅을 다스리는 세속 국가와 권력은 그들 자신의 안녕과 그들이 속한 제도와 시스템

의 안녕을 위해 진리도, 양심도 외면할 수 있으며 무모한 폭력마저도 방관할 수 있다는 것을 알게 됩니다. 이것이 바로 세속 권력의 한계입니다.

십자가에 못 박혀

두 번째로 살펴볼 주제는 예수님의 십자가 못 박힘에 관한 내용입니다. 이제 빌라도의 무책임한 방관 아래 죄 없으신 예수님이 사형에 내어줌을 당합니다.
(요 19:16) 이에 예수를 십자가에 못 박도록 그들에게 넘겨 주니라

생애 자체가 고난이었던 우리의 구세주 메시아 그리스도 예수님의 고난의 절정은 십자가에 못 박힘이었습니다.
(요 19:18) 그들이 거기서 예수를 십자가에 못 박을새 …

여기에서 한 가지 질문이 있습니다. '많고 많은 처벌 방법 가운데 예수님은 왜 하필 혐오적이고 모멸적인 형벌이었던 십자가를 지셔야 했을까?'

구약성경은 하나님께서 보내실 중보자 그리스도는 해^害를 받고 고난받아야 할 존재라는 것을 예언하고 있습니다.
(사 53:4~5) 4 그는 실로 우리의 질고를 지고 우리의 슬픔을 당하였거늘 우리는 생각하기를 그는 징벌을 받아 하나님께 맞으며 고난을 당한다 하였노라 5 그가 찔림은 우리의 허물 때문이요 그가 상함은 우리의 죄악 때문이라 그가 징계를 받으므로 우리는 평화를 누리고 그가 채찍에 맞으므로 우리는 나음을 받았도다

죄와 수치심에 사로잡힌 아담과 하와에게 하나님께서 희생 동물의 가죽옷

을 지어 입히실 때부터 인간은 오직 대속의 희생을 통해서만 하나님 앞에 설 수 있도록, 인류를 위한 구속의 방법은 이미 예언되었습니다.

> (창 3:21) 여호와 하나님이 아담과 그의 아내를 위하여 가죽옷을 지어 입히시니라

예수님께서도 그리스도가 고난받아야 한다는 사실을 제자들에게 이미 가르치셨습니다.

> (눅 17:25) 그러나 그가 먼저 많은 고난을 받으며 이 세대에게 버린 바 되어야 할지니라

그 고난 중에서도 특별히 예수님은 당신께서 만인 앞에서 나무에 매달려 죽게 되실 것도 예언하셨습니다.

> (요 3:14) 모세가 광야에서 뱀을 든 것 같이 인자도 들려야 하리니

비록 제자들은 충분히 이해하거나 마음에 담아두지 않았었지만, 예수님은 십자가에서의 죽음을 제자들에게 미리 여러 차례 예고하셨습니다.

> (마 20:19) 이방인들에게 넘겨 주어 그를 조롱하며 채찍질하며 십자가에 못 박게 할 것이나 …

> (마 26:2) 너희가 아는 바와 같이 이틀이 지나면 유월절이라 인자가 십자가에 못 박히기 위하여 팔리리라 하시더라

예수님은 십자가를 지심으로써 그 예언을 이루셨습니다.

> (행 3:18) 그러나 하나님이 모든 선지자의 입을 통하여 자기의 그리스도께서 고난받으실 일을 미리 알게 하신 것을 이와 같이 이루셨느니라

하나님의 언약 안에서 나무에 매달려 죽는 것은 저주를 의미합니다.

(신 21:23) 그 시체를 나무 위에 밤새도록 두지 말고 그 날에 장사하여 네 하나님 여호와께서 네게 기업으로 주시는 땅을 더럽히지 말라 나무에 달린 자는 하나님께 저주를 받았음이니라

예수님이 십자가에 달려 돌아가신 이유는 그분이 하나님의 저주를 받은 분이라는 것을 보여 주기 위함입니다. 그래서 바울은 예수님의 십자가 죽음을 구약 율법에 근거한 언약적 죽음, 저주의 죽음으로 이해합니다.

(갈 3:13) 그리스도께서 우리를 위하여 저주를 받은 바 되사 율법의 저주에서 우리를 속량하셨으니 기록된 바 나무에 달린 자마다 저주 아래에 있는 자라 하였음이라

예수님이 나무 십자가에 달려 받으신 하나님의 저주는 자기 자신 때문이 아니라 우리 인류 때문입니다.

(벧전 2:24) 친히 나무에 달려 그 몸으로 우리 죄를 담당하셨으니 …

유대인들은 십자가에 달린 예수가 하나님의 저주를 받은 자라는 것은 알았지만 그 저주가 우리 인류 때문이라는 것은 알지 못했습니다.

신학적으로는 예수님이 받으신 이 저주를 일컬어 "대리적 저주", "대속적 저주", "교환된 저주"라고 부릅니다.

(고후 5:21) 하나님이 죄를 알지도 못하신 이를 우리를 대신하여 죄로 삼으신 것은 우리로 하여금 그 안에서 하나님의 의가 되게 하려 하심이라

예수님 이전까지는 십자가란 단지 로마 시대에 사용되던 사형 집행 도구일 뿐입니다. 그러나 예수님 사건 이후 십자가는 사형 집행이 아니라 구원 집행

의 도구로 변모합니다. 예수의 십자가에 하나님의 공의와 은혜가 함께 나타났습니다. 예수님으로 말미암아 십자가는 저주의 상징이 아니라 구원의 상징이 되었습니다. 수치의 십자가가 자랑의 십자가가 되었습니다.

죽으시고 장사된

세 번째로 살펴볼 주제는 예수님의 죽으심과 장사됨에 관한 내용입니다.

예수님은 그리스도의 사명에 순종하심으로 불순종한 자들을 향한 죽음의 심판을 대신 받으셨습니다. 그리고 십자가 위에서 죽음을 맞이하십니다. 사도신경에서 굳이 십자가에 달려 죽으신 예수님을 두고 "장사 되셨다"라는 고백을 덧붙인 것은 성자 하나님의 죽음의 확실성을 강조하기 위함입니다. 예수님의 죽음은 사흘간의 기절 혹은 임사상태가 아니라 완전한 죽음이었습니다.

성경의 기록자들은 예수님의 죽음의 확실함을 이미 여러 표현으로 보여 주고 있습니다. 요한은 '예수님의 영혼이 떠나가셨다'라고 기록하고,

(요 19:30) 예수께서 신 포도주를 받으신 후에 이르시되 다 이루었다 하시고 머리를 숙이니 영혼이 떠나가시니라

마가는 '예수님이 숨지셨다'라고 기록하고,

(막 15:37) 예수께서 큰 소리를 지르시고 숨지시니라

로마 군인들은 예수님의 다리를 꺾을 필요도 없이 '이미 죽었다'라고 판단할 만큼 예수의 죽음은 확실하였습니다.

(요 19:33) 예수께 이르러서는 이미 죽으신 것을 보고 다리를 꺾지 아니하고

예수님의 죽음의 확실성은 아리마대 사람 요셉이 예수님을 장사 지낸 이야기 가운데도 잘 나타나 있습니다. 총독 빌라도는 백부장에게 예수의 죽음을 확인하였고 백부장은 이를 증언하였습니다.

(막 15:44~45) 44 빌라도는 예수께서 벌써 죽었을까 하고 이상히 여겨 백부장을 불러 죽은 지가 오래냐 묻고 45 백부장에게 알아 본 후에 요셉에게 시체를 내주는지라

그리고 아리마대 사람 요셉은 예수님의 시신을 세마포로 싸서 무덤에 넣었습니다.

(마 27:59~60) 59 요셉이 시체를 가져다가 깨끗한 세마포로 싸서 60 바위 속에 판 자기 새 무덤에 넣어 두고 큰 돌을 굴려 무덤 문에 놓고 가니

사도신경에서 예수님의 죽음을 왜 강조하는 것일까요? 그리스도이신 성자 하나님의 죽음은 인류의 죄에 대한 비참함과 대가가 무엇인지를 보여 주기 때문입니다.

하나님의 공의라는 기준에서 죄의 대가는 사망입니다. 하나님의 공의로우심 앞에 우리는 죽어야 마땅한 존재입니다. 하나님의 진노와 저주를 면할 길이 없습니다. 인류의 죄는 오직 죽음으로만 해결됩니다.

(롬 6:23) 죄의 삯은 사망이요 …

그런데 성자 하나님께서 우리 대신 죽임 당하심으로 우리의 죗값을 대신 치르셨습니다.

(마 20:28) 인자가 온 것은 섬김을 받으려 함이 아니라 도리어 섬기려 하고 자기 목숨을 많은 사람의 대속물로 주려 함이니라

그리스도는 우리를 위한 화목제물이 되셔서 우리를 향한 하나님의 진노를 대신 받으셨습니다.

(롬 3:25) 이 예수를 하나님이 그의 피로써 믿음으로 말미암는 화목제물로 세우셨으니 …

(요일 2:2) 그는 우리 죄를 위한 화목제물이니 우리만 위할 뿐 아니요 온 세상의 죄를 위하심이라

예수님의 죽음이 예수 안에 있는 우리를 의롭게 만들었습니다.

(롬 5:9) 그러면 이제 우리가 그의 피로 말미암아 의롭다 하심을 받았으니 더욱 그로 말미암아 진노하심에서 구원을 받을 것이니

예수님의 죽음이 하나님과 우리 사이를 화목하게 만들었습니다.

(롬 5:10) 곧 우리가 원수 되었을 때에 그의 아들의 죽으심으로 말미암아 하나님과 화목하게 되었은즉 화목하게 된 자로서는 더욱 그의 살아나심으로 말미암아 구원을 받을 것이니라

예수님은 이스라엘의 모든 백성의 죄를 짊어지고 광야로 들어가 죽임 당하도록 택함 받은 "아사셀"의 염소였습니다.

(레 16:10) 아사셀을 위하여 제비 뽑은 염소는 산 채로 여호와 앞에 두었다가 그 것으로 속죄하고 아사셀을 위하여 광야로 보낼지니라

아담 이후로 인류는 세 종류의 죽음에 들어가게 되었습니다. "육신의 죽음,

영혼의 죽음, 영원한 죽음"입니다. 우리는 이미 영혼이 죽었고, 육신은 곧 죽을 것이며, 예수님의 재림 이후 지옥에서 영원한 죽음을 맞게 될 것입니다. 예수님은 우리를 이 세 죽음에서 건지시려고 하나님과 단절되는 영혼의 죽음을 겪으셨고, 육체로도 죽임당하셨으며, 음부에서의 영원한 죽음도 겪으셨습니다. 예수님을 믿은 우리 영혼은 즉시 살아나고 육신은 언젠가 죽게 되지만, 예수님이 재림 때에 부활하여 천국에서 영원한 생명을 누리게 될 것입니다.

그래서 그리스도인의 죽음은 어둠으로 들어가는 두려움의 날이 아니라, 영원한 빛으로 들어가는 생명의 날입니다. 신자의 죽음은 성화의 마지막이요, 영화의 시작입니다. 신자에게 죽음은 하늘 문이 열리는 순간입니다. 이 모든 것이 성자 하나님께서 무덤에 장사되심으로써 가능하게 되었습니다.

하이델베르크 요리문답 40문과 41문은 이렇게 가르칩니다.

문: 그리스도는 왜 "죽으시기"까지 낮아지셔야 했습니까?
답: 하나님의 공의와 진리로 인하여, 하나님 아들의 죽음 이외에는 우리의 죄에 대한 보상을 치를 방도가 없었기 때문입니다.

문: 그리스도는 왜 장사지낸 바 되셨습니까?
답: 그가 참으로 죽으셨음을 입증하기 위함이었습니다.

음부에 내려가신 지

네 번째로 살펴볼 주제는 예수님께서 죽으신 후 음부에 내려가셨다 음부강하, 陰

府降下는 내용입니다. 라틴어 사도신경 최종본이나 아타나시우스신경에는 그리스도의 죽음과 부활에 대한 고백 사이에 '음부로$^{\text{ad inferos}}$ 내려가셨다'라는 조항이 있다고 합니다.[11] 그런데 이 내용은 초기부터 있었던 것이 아니라 주후 390년 경의 아퀼레이아 양식$^{\text{Aquileian Form}}$ 사본에 처음 등장하였다는 것과 여러 사도신경 사본 가운데 이 내용이 없는 것들도 있다는 이유로 한국 교회는 이 내용은 채택하지 않고 있습니다.[12] 그래서 새로운 한글 번역에서는 난외주로 처리하여 "'장사되시어 지옥에 내려가신 지'가 공인된 원문에는 있으나 대다수 본문에는 없다"라는 문장으로 부연 설명하고 있습니다.

로마 가톨릭교회는 이 문장을 살려 "저승에 가시어"라고 번역하는데 이는 오해의 소지가 큽니다. 우리는 '천국이나 지옥이 아닌 죽은 자들의 제3의 장소'인 연옥$^{\text{煉獄, purgatory}}$이나 '구약시대 신자들이나 어린 유아들의 구원을 기다리는 장소'인 림보$^{\text{古聖所, limbo}}$의 존재를 믿지 않기 때문입니다.

예수님이 죽어 장사된 이후에 "음부에 내려가셨다"라는 표현에서 음부는 '영원한 형벌의 지옥'을 의미하는 것이 아니라 '죽은 사람들의 거처'를 의미하는데[13] 결국은 "예수님이 확실하게 죽으셨다"라는 것을 강조하는 내용으로 보아야 합니다.

예수님은 로마 통치자의 뜰에서 재판받고 이스라엘의 진 밖에서 처형을 당하시고 죽음에 이르셨습니다. 히브리서 기록자는 구약 제사 규정에서 속죄물들이 진 밖에서 불살랐다는 구절에 근거하여 예수의 죽음이 진 밖에서 이루어

---

11. 김진혁, 「우리가 믿는 것들에 대하여」, 복있는 사람, 2022, p.109
12. 1894년 언더우드 선교사가 번역한 사도신경이나 1905년 장로교 선교사 협의회에서 번역한 사도신경에는 "음부에 내려가셨으며"라는 문구가 있었다고 합니다. 반면 감리교는 존 웨슬리가 1784년 감리교 신조를 작성할 때 이 내용을 뺀 이후로 감리교 번역 사도신경에는 이 내용이 없는데 한국에서 1908년 장로교와 감리교가 합동하여 찬송가를 출간하면서 교단연합을 위해 이 부분을 빼기로 합의한 결과가 지금까지 이어져 온 것이라고 합니다. (손재익, 「사도신경 12문장에 담긴 기독교 신앙」, 디다스코, 2022, p.176)
13. 히데스에 내려가신 예수님에 대해서는, 제임스 패커, 「사도신경」(원제, Growing in Christ), 김진웅 역, 아바서원, 2012, pp. 81~83을 참조.

졌다는 것에 매우 큰 의미를 두고 이야기합니다.

(히 13:11~13) 11 이는 죄를 위한 짐승의 피는 대제사장이 가지고 성소에 들어가고 그 육체는 영문 밖에서 불사름이라 12 그러므로 예수도 자기 피로써 백성을 거룩하게 하려고 성문 밖에서 고난을 받으셨느니라 13 그런즉 우리도 그의 치욕을 짊어지고 영문 밖으로 그에게 나아가자

기독교에서 말하는 "복"은 '하나님의 임재와 은혜에서 비롯되는 유익을 누리는 것'을 말합니다. 그런 점에서 "저주"란 '하나님의 은혜의 영역 밖에 쫓겨나는 것'을 의미합니다. 구약의 할례 예식도 하나님과의 언약 안에 거하지 않으면 '베어져 떨어져 나갈 것'을 상징하는 예식입니다. 하나님과 이스라엘의 언약은 문서 조각의 글씨가 아니라 몸에 새기고 관계로 규정되는 언약이었습니다.

그런데 예수님께서 그 몸이 찢기고 이방인에게 넘겨지셨습니다. 언약적 저주를 짊어지시고 하나님의 은혜 밖, 눈길 밖, 손길 밖, 어둠의 저주 가운데로 쫓겨나셨습니다. 육체와 영혼이 하나님에게서 끊어졌습니다. 범죄한 아담과 하와가 은혜의 영역인 에덴동산에서 쫓겨난 것처럼 말입니다.

십자가 위에서 예수님의 고통은 이루 말할 수 없는 육체의 고통이었지만 예수님이 경험한 죽음은 하나님과의 단절, 하나님께 버림받음으로써 무엇과도 비교할 수 없는 영적 고통이었습니다. 예수님이 세례를 받으실 때는 "이는 내 기뻐하는 아들"이라는 하늘의 음성이 있었지만, 예수님이 십자가를 지실 때는 "나의 하나님 나의 하나님 어찌하여 나를 버리시나이까!"라는 예수님의 탄식만 있었습니다.

(마 27:46) 제구시쯤에 예수께서 크게 소리 질러 이르시되 엘리 엘리 라마 사박

다니 하시니 이는 곧 나의 하나님, 나의 하나님, 어찌하여 나를 버리셨나이까 하는 뜻이라

한 번도 하나님과 분리되어 본 적이 없는 성자 하나님이 하나님의 은혜의 품 바깥으로 내어 쫓기고 하나님의 관심과 사랑과 은혜와 돌봄에서 내어 쫓겨 하나님의 의도적인 외면, 곧 저주 안으로 들어가야 했습니다. 하나님은 우리 인류를 구원하기 위해 의도적으로 유일한 아들을 외면하셨습니다.

이때 그리스도의 죽음의 확실성을 고백하기 위해 표현된 예수님의 음부강하 이야기는 단지 육체의 죽음에만 국한된 것이 아닙니다. 성자 하나님께서 겪으셨던 고통은 육체의 고통만이 아니라 우리의 죄를 대신한 죄책의 고통, 하나님께 버림받는 고통, 하나님과의 분리의 고통과 같은 영적 고통을 포함합니다. 칼빈은 이 표현을 두고 십자가에서 음부와 지옥의 고통을 경험하신 것이라고 설명하였습니다.

이 주제에 관해 웨스트민스터 대요리문답 50문은 이렇게 가르칩니다.

문: 그리스도께서 죽으신 후에 있었던 그리스도의 낮아지심은 무엇으로 이루어져 있습니까?

답: 그리스도께서 죽으신 후에 있었던 그리스도의 낮아지심은 장사되셔서, 제 삼일까지 죽음의 권세 아래 죽은 자의 상태에 계속 계신 것으로 이루어져 있습니다. 이는 다른 말로 "그분이 음부에 내려가셨습니다"라고 표현되어 있습니다.

예수님의 수난 과정에서 드러난 우리 인류의 죄는 아주 분명합니다. 인류의

대표인 아담이 하나님께 범죄 하였듯이 예수님 시대의 인류는 자신들의 기득권을 지키기 위해 의도적으로 하나님의 구원을 거부하고 하나님의 아들을 죽였습니다.

완전한 하나님이 완전한 인간 중보자로 우리에게 오셨습니다. 그런데 그 예수님이 십자가에 못 박히셨고, 죽으셨고, 장사葬事되셨습니다. 당신의 백성에게서 거부당하시고, 이방인의 손에 넘겨져 채찍질, 침 뱉음, 벌거벗김의 치욕을 당하시고, 그 판결로 죽음에 내어줌이 되고, 인류의 죄를 대신하는 저주의 나무 십자가에 벌거벗겨 매달리시고, 옆구리를 찔려 피를 쏟으심으로 희생제물의 전형이 되시고, 육체로도 죽을 뿐 아니라 아버지 하나님에게서 버림당하시는 영원한 죽음을 경험하셨습니다.

이제 그리스도의 십자가와 죽음이 우리를 위한 것이라는 성경의 가르침을 믿는 사람들에게는 죄와 죽음이 더 이상은 효력을 발휘하지 못합니다. 우리의 소속이 사망에서 생명으로 옮겨졌기 때문입니다. 하나님의 품 밖에서 품 안으로 옮겨졌기 때문입니다. 그것은 예수님께서 '피를 흘리셨기' 때문이 아니라 그분이 '피를 흘려 죽으셨기' 때문입니다.[14] 그리스도인은 예수님이 십자가에 달리셨다는 사실만 믿는 사람들이 아니라 그 십자가가 우리를 대신한 것이라는 것을 믿는 사람들입니다.

이런 이유로 인해 우리 그리스도인은 그리스도의 십자가에 대하여 세상과는 완전히 다른 인식과 태도와 반응을 하게 됩니다.

그리스도인은 예수님의 십자가를 자랑으로 삼는 사람들입니다.

---

14. R. C. 스프라울, 「정말 그렇게 믿습니까」(원제, Renewing Your Mind), 박이경 역, 좋은 씨앗, 2000, p.149

(갈 6:14) 그러나 내게는 우리 주 예수 그리스도의 십자가 외에 결코 자랑할 것이 없으니 …

그리스도인은 십자가 안에서 세상의 죄를 못 박는 삶을 사는 사람들입니다.
(갈 6:14) … 그리스도로 말미암아 세상이 나를 대하여 십자가에 못 박히고 내가 또한 세상을 대하여 그러하니라

그리스도인은 고난의 인생 가운데 예수님의 수난을 생각하며 참아내고 인내하는 사람들입니다.
(히 12:2~3) 2 믿음의 주요 또 온전하게 하시는 이인 예수를 바라보자 그는 그 앞에 있는 기쁨을 위하여 십자가를 참으사 부끄러움을 개의치 아니하시더니 하나님 보좌 우편에 앉으셨느니라 3 너희가 피곤하여 낙심하지 않기 위하여 죄인들이 이같이 자기에게 거역한 일을 참으신 이를 생각하라

그리스도인은 예수님을 믿는 믿음과 예수 공동체 안에서 사명의 십자가를 지고 살아가는 사람들입니다.
(마 16:24) 이에 예수께서 제자들에게 이르시되 누구든지 나를 따라오려거든 자기를 부인하고 자기 십자가를 지고 나를 따를 것이니라

그리스도인은 십자가를 전파하는 사람들입니다.
(고전 1:23~24) 23 우리는 십자가에 못 박힌 그리스도를 전하니 유대인에게는 거리끼는 것이요 이방인에게는 미련한 것이로되 24 오직 부르심을 받은 자들에게는 유대인이나 헬라인이나 그리스도는 하나님의 능력이요 하나님의 지혜니라

그리스도의 낮아지심으로 우리가 높아지고, 그리스도의 죽으심으로 우리가

살아나게 되었으니, 그리스도의 십자가를 감사하고, 자랑하고, 전파하는 삶을 살아가길 바랍니다.

Chapter 6

부활하신 예수님을 그리스도 주님으로 믿습니다

고린도전서 15장 3~8절
내가 받은 것을 먼저 너희에게 전하였노니
이는 성경대로 그리스도께서 우리 죄를 위하여 죽으시고
장사 지낸 바 되셨다가 성경대로 사흘 만에 다시 살아나사
게바에게 보이시고 후에 열두 제자에게와
그 후에 오백여 형제에게 일시에 보이셨나니
그 중에 지금까지 대다수는 살아 있고 어떤 사람은 잠들었으며
그 후에 야고보에게 보이셨으며 그 후에 모든 사도에게와
맨 나중에 만삭되지 못하여 난 자 같은 내게도 보이셨느니라

부활하신 예수님을
그리스도 주님으로 믿습니다

　신학에서는 하나님의 아들이신 예수님의 수난, 십자가, 죽음, 장사, 음부강하 등의 주제를 "그리스도의 비하",$^{卑下,\ humiliation}$ 즉 "그리스도의 낮아지심"이라고 말하고 예수님의 부활, 승천, 하나님 보좌 우편에 좌정하심, 재판주로서의 재림 등의 주제를 "그리스도의 승귀",$^{昇貴,\ exaltation}$ 즉 "그리스도의 높아지심"이라고 말합니다.

　사도신경 5문장은 예수님의 부활에 관한 고백입니다. 옛 번역은 "사흘 만에 죽은 자 가운데서 다시 살아나시며"이고, 새 번역은 "사흘 만에 죽은 자 가운데서 다시 살아나셨으며"입니다.

인류 죽음의 문제

인간을 비롯한 모든 생명체는 본성적으로 죽음을 두려워하고 피하려는 속성을 가지고 있습니다. 그래서 인류 역사 안에는 죽음의 두려움 혹은 죽음을 극복하려는 노력이 많이 있었습니다. 인류가 고안해 낸 모든 종교에서 "영생"에 대한 교리가 존재한다거나, 시대와 인종을 초월하여 신화와 문학 속에 늙지 않고 죽지 않는 신비로운 약이나 처소에 대한 동경이 존재한다거나, 특별히 절대 권력자였던 사람일수록 자신이 가진 권력과 부를 통해 영생불사永生不死를 꿈꾸었다는 이야기는 흔합니다.

그런데 역사 속에는 누구나 두려워하는 육체의 죽음을 의연하게 받아들이는 사람들도 있었습니다. 고대 그리스 철학자 소크라테스는 아테네의 종교문화와 전통 질서를 무시하면서 젊은이들에게 악영향을 끼친다는 죄목으로 사형 판결을 받았을 때 피하지 않고 이 죽음을 의연하게 받아들였다고 합니다.

이 그림은 프랑스 화가 자크-루이 다비드 Jacques-Louis David, 1748~1825가 1787년 유화로 그린 《소크라테스의 죽음》La Mort de Socrate이라는 작품입니다. 화가는 플라톤의 저서 「파이돈」이라는 글에 소크라테스가 사형의 독배를 마시는 현장에서도 제자들과 (영혼과 육체와 내세에 관해) 대화를 나누었다는 내용에 감동해서 이 그림을 그렸다고 합니다.

그림을 보면 소크라테스는 독약을 받으면서도 마지막 순간까지 제자들을 교훈하고 있고, 왼쪽 끝에 고개를 떨구고 무릎을 바라보는 플라톤, 소크라테스의 무릎에 손을 얹고 끝까지 경청하는 크리톤, 괴로워하는 주변 사람들을 볼 수 있습니다.

소크라테스의 의연함은 삶에 대한 철학적 달관 때문이었을까요? 아니면 종교적 확신 때문이었을까요? 한 인간으로서 신념과 확신 속에서 죽음을 맞이하는 이 모습은 참 대단하고 존경스럽기까지 합니다. 그러나 한 가지 확실한 것은 사람은 반드시 죽는다는 운명과 현실을 깊이 인식하고 자기 죽음을 의연하게 받아들일 수는 있지만 그렇다고 해서 그들이 죽음을 극복했다거나 해결했다고 말할 수는 없다는 점입니다.

예언되고 성취된 부활
- (장사한 지) 사흘 만에 죽은 자 가운데서 다시 살아나시며

예수님은 십자가에 못 박혀 돌아가시고 장사된 지 사흘째 되는 날 부활하셨습니다.

(고전 15:4) 장사 지낸 바 되셨다가 성경대로 사흘 만에 다시 살아나사

바울은 예수님의 부활이 역사적 사실이라는 증거로 많은 증인을 제시합니다.

(고전 15:5~8) 5 게바에게 보이시고 후에 열두 제자에게와 6 그 후에 오백여 형제에게 일시에 보이셨나니 그 중에 지금까지 대다수는 살아 있고 어떤 사람은 잠들었으며 7 그 후에 야고보에게 보이셨으며 그 후에 모든 사도에게와 8 맨 나중에 만삭되지 못하여 난 자 같은 내게도 보이셨느니라

사도 바울은 고린도교회에 첫 편지를 보낸 주후 55년(예수님 부활 후 20여 년) 전후만 하더라도 예수님 부활을 직접 목격한 오백여 명의 목격자 가운데 절반이 넘는 사람이 살아 있다고 강조합니다. 그러나 예수님의 빈 무덤을 처음 목격한 여인들로부터 부활 이야기를 처음 들었을 때는 예수님의 제자들조차도 이 사실을 도무지 믿을 수 없었습니다.

(눅 24:11) 사도들은 그들의 말이 허탄한 듯이 들려 믿지 아니하나

부활하신 예수님께서는 엠마오로 가는 두 제자에게 나타나셔서 그들이 예수님의 부활을 믿지 못하는 것을 탄식하셨습니다.

(눅 24:25) 이르시되 미련하고 선지자들이 말한 모든 것을 마음에 더디 믿는 자들이여

예수님께서 자신의 부활을 믿지 않는 제자들에게 탄식하신 이유는 분명합니다. 이 땅에 계시는 삼 년 동안 자신이 죽임당하고 사흘 만에 부활할 것을 몇 번이고 말씀하셨기 때문입니다.

(마 12:40) 요나가 밤낮 사흘 동안 큰 물고기 뱃속에 있었던 것 같이 인자도 밤낮 사흘 동안 땅 속에 있으리라

(마 16:21) 이 때로부터 예수 그리스도께서 자기가 예루살렘에 올라가 장로들과 대제사장들과 서기관들에게 많은 고난을 받고 죽임을 당하고 제삼일에 살아나야 할 것을 제자들에게 비로소 나타내시니

(마 17:23) 죽임을 당하고 제삼일에 살아나리라 하시니 제자들이 매우 근심하더라

(마 20:19) 이방인들에게 넘겨 주어 그를 조롱하며 채찍질하며 십자가에 못 박게 할 것이나 제삼일에 살아나리라

예수님께서 이렇게 가르치셨던 이유는 하나님이 보내시는 '바로 그 그리스도'

의 죽음과 부활은 구약 선지자들의 글에도 예언된 내용이었기 때문입니다.

(행 17:3) 뜻을 풀어 그리스도가 해를 받고 죽은 자 가운데서 다시 살아나야 할 것을 증언하고 이르되 내가 너희에게 전하는 이 예수가 곧 그리스도라 하니

바울 역시 자신이 예수님의 부활을 전파하는 것은 유대교의 가르침을 거부하는 것이 아니라 오히려 구약 성경이 예언하는 그대로라고 강조하였습니다.

(행 26:22~23) 22 … 선지자들과 모세가 반드시 되리라고 말한 것밖에 없으니 23 곧 그리스도가 고난을 받으실 것과 죽은 자 가운데서 먼저 다시 살아나사 이스라엘과 이방인들에게 빛을 전하시리라 함이니이다 …

그래서 예수님의 부활을 증언하는 천사도 이 일이 예수님의 예언에 따른 것이었음을 강조하였던 것입니다.

(마 28:6) 그가 여기 계시지 않고 그가 말씀 하시던 대로 살아나셨느니라 와서 그가 누우셨던 곳을 보라

예수님의 부활은 어쩌다 보니 뜻하지 않게 일어난 뜻밖의 사건이 아니라 하나님께서 구약에서 선지자들을 통해 예언하셨고, 예수님께서도 몇 번이나 미리 예언하셨던 일을 이루신 사건입니다.

그런데 우리가 기억할 사실은 예수님을 죽음에 넘겨주도록 군중을 선동한 대제사장과 바리새인들 역시 예수님이 죽임당하고 사흘째 부활할 것에 대해 예언하셨다는 사실을 알고 있었다는 것입니다.

(마 27:62~63) 62 그 이튿날은 준비일 다음 날이라 대제사장들과 바리새인들이 함께 빌라도에게 모여 이르되 63 주여 저 속이던 자가 살아 있을 때에 말하되 내가 사흘 후에 다시 살아나리라 한 것을 우리가 기억하노니

그들은 예수님의 부활이 실제로 일어날까 봐 매우 두려웠습니다.

(마 27:64) 그러므로 명령하여 그 무덤을 사흘까지 굳게 지키게 하소서 …

그래서 대제사장과 바리새인들은 예수님의 무덤을 더 잘 지키려고 특별히 신경을 썼습니다.

(마 27:66) 그들이 경비병과 함께 가서 돌을 인봉하고 무덤을 굳게 지키니라

이러한 노력에도 불구하고 무기를 든 몇몇 경비병과 무거운 돌문은 예수님의 부활을 알리기 위해 나타난 천사 앞에서 무용지물이었습니다.

(마 28:2~4) 2 큰 지진이 나며 주의 천사가 하늘로부터 내려와 돌을 굴려 내고 그 위에 앉았는데 3 그 형상이 번개 같고 그 옷은 눈같이 희거늘 4 지키던 자들이 그를 무서워하여 떨며 죽은 사람과 같이 되었더라

물론, 부활하신 예수님이 돌문을 열어주어야만 무덤에서 나오실 수 있었던 것은 아닙니다. 예수님의 부활한 몸은 물질계의 제한을 넘어서는 형태였기 때문입니다.

(요 20:26) … 문들이 닫혔는데 예수께서 오사 …

천사가 돌문을 연 것은 예수님을 위해서가 아니라 예수님의 부활하심을 사람들에게 분명히 알려주기 위함으로 보아야 합니다.

결과적으로 경비병들은 경비에 실패했습니다. 그럼에도 빈 무덤의 보고를 받은 유대 지도자들은 경비병들을 징계하지 않습니다. 오히려 경비에 실패한 경비병들에게 돈을 주며 예수님의 제자들이 시신을 도둑질해 갔다는 거짓 이야기를 퍼뜨리도록 종용합니다.

(마 28:12~13) 12 그들이 장로들과 함께 모여 의논하고 군인들에게 돈을 많이 주며 13 이르되 너희는 말하기를 그의 제자들이 밤에 와서 우리가 잘 때에 그를 도둑질하여 갔다 하라

그들이 말하는 대로 제자들이 예수님의 시신을 도둑질해 갔다고 판단한다면 그들은 경비병들을 처벌했어야 마땅하지 않습니까? 그러나 그들은 오히려 "우리가 다 막아주겠다! 걱정하지 말라!"라며 경비병들을 옹호합니다.

(마 28:14) 만일 이 말이 총독에게 들리면 우리가 권하여 너희로 근심하지 않게 하리라 하니

이러한 결과로 예수님의 부활을 목격하지 않은 사람들로서는 권력자들의 공식적 설명, 즉 '빈 무덤은 제자들에 의한 예수 시신의 도둑질'이라고 믿을 수밖에 없었습니다.

(마 28:15) 군인들이 돈을 받고 가르친 대로 하였으니 이 말이 오늘날까지 유대인 가운데 두루 퍼지니라

부활이 아니면 설명할 수 없는 사람들의 변화

만약 제자들이 예수님의 시신을 도둑질한 것이라고 한다면 경비병들에 대한 처리 문제 외에도 설명하기 힘든 몇 가지 문제가 더 있는데 대표적인 것으로는 몇몇 사람의 모습에서 발견되는 진정성^{sincerity}입니다.

예수님의 부활이 거짓말이고, 예수님 사건이 하나의 이단 종교의 해프닝 정도였다면 가룟 유다를 제외한 열한 명의 제자들의 순교를 설명할 길이 없습니

다. 예수님의 부활이 조작이라면 분명히 양심적인 내부 이탈자가 있었을 텐데 말입니다.

만약 예수님의 부활이 거짓이라고 한다면 그중에서도 특히 모든 일의 내막을 가장 정확히 알고 있었을 수제자 베드로의 변화를 설명할 길이 없습니다. 예수님께서 "대제사장들과 서기관들과 장로들에게서 파송된 검과 몽치를 가진 무리"에 의해 끌려갈 때 베드로는 자기 살길을 찾아 도망쳤습니다.

(막 14:50) 제자들이 다 예수를 버리고 도망하니라

예수님이 대제사장의 집 뜰에서 재판받으시는 동안 아래 뜰에서 불을 쬐다가 "너도 그 무리"라고 말하는 사람들 앞에서는 예수님을 모른다며 저주하고 맹세까지 했었습니다.

(막 14:71) 그러나 베드로가 저주하며 맹세하되 나는 너희가 말하는 이 사람을 알지 못하노라 하니

베드로는 사로잡힘과 죽음의 위기 앞에서 자기를 먼저 챙겼던 인물입니다. 사로잡힘과 죽음의 두려움 앞에서 누군들 그러지 않았겠습니까? 그런데 어느 순간부터 베드로가 완전히 바뀝니다. 예수님을 저주하며 모른다고 부인했던 베드로가 오순절 성령강림으로 인해 배우지 않은 언어를 말하는 제자들을 이상하게 여기는 지중해 연안 각국 사람들 앞에서는 예수님의 부활을 공개적으로 증언합니다.

(행 2:32) 이 예수를 하나님이 살리신지라 우리가 다 이 일에 증인이로다

성전으로 기도하러 가는 길에 태어나면서부터 못 걷게 된 이를 고친 이후에도 예수님의 죽음과 부활을 선포합니다.

(행 3:14~15) 14 너희가 거룩하고 의로운 이를 거부하고 도리어 살인한 사람을 놓아주기를 구하여 15 생명의 주를 죽였도다 그러나 하나님이 죽은 자 가운데서 그를 살리셨으니 우리가 이 일에 증인이라

예수님의 부활을 전파한다는 이유로 대제사장에게 심문과 협박을 받을 때도 예수님의 부활을 증언합니다.

(행 4:18~20) 18 그들을 불러 경고하여 도무지 예수의 이름으로 말하지도 말고 가르치지도 말라 하니 19 베드로와 요한이 대답하여 이르되 하나님 앞에서 너희의 말을 듣는 것이 하나님의 말씀을 듣는 것보다 옳은가 판단하라 20 우리는 보고 들은 것을 말하지 아니할 수 없다 하니

만약 제자 중에서 수제자였던 베드로가 정말로 예수님의 시신을 훔쳐 가서 숨겨둔 이후 예수님이 부활했다고 거짓말하는 것이라면 사로잡힘과 권력과 죽음 앞에서 그렇게 두려워 떨던 베드로의 태도 변화를 무엇으로 설명할 수 있을까요?

예수님의 부활이 거짓이라고 한다면 이스라엘 최고의 지성인이었던 바울의 변화 역시 설명할 길이 없습니다. 바울은 예수님을 이단의 괴수로 죽어 마땅한 사람으로 여겼습니다.

(행 26:9) 나도 나사렛 예수의 이름을 대적하여 많은 일을 행하여야 될 줄 스스로 생각하고

사울은 그리스도인들을 제거하는 것을 마땅히 행해야 할 일, 시대의 사명으로 알았던 사람입니다.

(행 26:10~12) 10 예루살렘에서 이런 일을 행하여 대제사장들에게서 권한을 받

아 가지고 많은 성도를 옥에 가두며 또 죽일 때에 내가 찬성 투표를 하였고 11 또 모든 회당에서 여러 번 형벌하여 강제로 모독하는 말을 하게 하고 그들에 대하여 심히 격분하여 외국 성에까지 가서 박해하였고 12 그 일로 대제사장들의 권한과 위임을 받고 다메섹으로 갔나이다

그랬던 바울이 어느 한 순간부터 갑자기 "예수님은 하나님의 아들"이라고 전파하기 시작합니다.
(행 9:20) 즉시로 각 회당에서 예수가 하나님의 아들이심을 전파하니

사람들은 그러한 바울의 변화를 놀라워할 수밖에 없었습니다.
(행 9:21) 듣는 사람이 다 놀라 말하되 이 사람이 예루살렘에서 이 이름을 부르는 사람을 멸하려던 자가 아니냐 여기 온 것도 그들을 결박하여 대제사장들에게 끌어 가고자 함이 아니냐 하더라

바울이 그리스도인들에게 매수를 당하거나 테러 위협과 협박을 당해서 그랬을까요? 아닙니다. 부활하신 그리스도를 만났기 때문입니다.
(고전 15:8) 맨 나중에 만삭되지 못하여 난 자 같은 내게도 보이셨느니라

유대 최고의 교육을 받은 지성인, 정상적인 육체, 사회적 위치에 있던 사람, 심신 미약자가 아니었던 바울, (예수님이 아니더라도 누구보다 의미 있는 삶을 추구했을) 바울의 변화는 예수님의 부활을 말하지 않고서는 설명할 길이 없습니다.

그런데 예수님의 부활이 거짓이라고 한다면 누구보다도 그 변화를 설명하기 힘든 인물이 바로 예수님의 친동생 야고보입니다.

(마 13:55) 이는 그 목수의 아들이 아니냐 그 어머니는 마리아, 그 형제들은 야고보, 요셉, 시몬, 유다 하지 않느냐

야고보는 커가면서 어느 날 형이라 부르던 사람이 친형이 아니라는 사실을 알게 되었을 때 어떤 감정을 갖게 되었을까요? 내 아버지의 아이가 아닌 아이를 낳고 그 집에서 살고 있는 어머니 마리아를 바라보는 감정은 어떠했을까요? 자기 형이 성령으로 잉태된 사람이라는 설명을 이해할 수 있었을까요? 그런 점에서 예수님의 가정은 서로가 말하기를 피하는 근원적인 문제를 가졌으며, 정서적으로 완전히 친밀하지 못하며 서로에 대한 의심으로 가득했던 문제 가정이었을 것이라고 추측합니다. 아마도 그 때문이었는지 예수님을 대하는 야고보와 동생들의 태도는 매우 냉소적입니다.

(요 7:3~4) 3 그 형제들이 예수께 이르되 당신이 행하는 일을 제자들도 보게 여기를 떠나 유대로 가소서 4 스스로 나타나기를 구하면서 묻혀서 일하는 사람이 없나니 이 일을 행하려 하거든 자신을 세상에 나타내소서 하니

예수님의 사랑받는 제자 요한은 예수님의 동생들마저도 예수님의 그리스도 되심을 믿지 않았었다는 것을 잘 알고 있었습니다.

(요 7:5) 이는 그 형제들까지도 예수를 믿지 아니함이러라

그런데 십자가에서 죽임을 당하시고 부활하신 예수님은 동생 야고보를 찾아가 자신의 부활을 보여 주셨습니다.

(고전 15:7) 그 후에 야고보에게 보이셨으며 …

예수님의 동생 야고보는 예수님의 부활을 목격한 이후 그동안 품었던 예수님과 어머니에 대한 모든 의심을 다 풀고 누구보다도 열정적인 예수 공동체의

일원이 됩니다.

(행 1:14) 여자들과 예수의 어머니 마리아와 예수의 아우들과 더불어 마음을 같이하여 오로지 기도에 힘쓰더라

훗날에는 예루살렘 공동체의 유력한 지도자가 되고, 신약 성경 가운데 야고보서의 기록자가 됩니다.

(갈 2:9) 또 기둥 같이 여기는 야고보와 …

만약 예수님의 부활이 가짜라고 한다면 어려서부터 정서적으로 완전히 뒤틀려 있었던 야고보, 어머니 마리아에게 통한의 슬픔을 가져다준 사람, 사람들로부터 손가락질받는 저주의 집안으로 만들어버린 예수님을 믿고 전파하는 사람으로 변화된 야고보의 변화를 어떻게 설명할 수 있을까요?

부활의 의미

예수님의 부활은 실제로 일어난 사건이며 예수님의 부활을 목격한 사람들의 삶을 변화시켰습니다. 그렇다고 한다면 예수님의 부활은 무엇을 위한 것이었으며, 오늘 우리에게 주는 의미와 유익은 무엇일까요?

그리스도이신 예수님의 부활은 삼위일체 하나님의 사역으로써 '성부 하나님'이 '성령 하나님' 안에서 '성자 예수님'을 다시 살리신 사건입니다.

(행 2:32) 이 예수를 하나님이 살리신지라 …

(롬 1:4) 성결의 영으로는 죽은 자들 가운데서 부활하사 …

그리스도이신 예수님의 부활을 통해 그가 주장한 대로 나사렛의 예수가 하나님의 아들이라는 것이 분명히 드러났습니다.

(롬 1:4) 성결의 영으로는 죽은 자들 가운데서 부활하사 능력으로 하나님의 아들로 선포되셨으니 곧 우리 주 예수 그리스도시니라

그리스도이신 예수님의 부활을 통해 예수님이 아버지라고 불렀던 그 하나님이야말로 진짜 창조의 하나님, 생명의 주인이심이 드러났습니다.

(롬 4:24) 의로 여기심을 받을 우리도 위함이니 곧 예수 우리 주를 죽은 자 가운데서 살리신 이를 믿는 자니라

그리스도이신 예수님의 부활을 통해 우리를 억누르는 죄와 죽음의 권세가 무력화^{無力化}되었습니다.

(골 2:13) 또 범죄와 육체의 무할례로 죽었던 너희를 하나님이 그와 함께 살리시고 우리의 모든 죄를 사하시고

그리스도이신 예수님의 죽음과 부활은 인류를 억누르고 있는 죽음과 마귀의 권세로부터 인류를 해방시킨 사건입니다.

(히 2:14~15) 14 자녀들은 혈과 육에 속하였으매 그도 또한 같은 모양으로 혈과 육을 함께 지니심은 죽음을 통하여 죽음의 세력을 잡은 자 곧 마귀를 멸하시며 15 또 죽기를 무서워하므로 한평생 매여 종노릇 하는 모든 자들을 놓아주려 하심이니

그리스도이신 예수님의 부활을 통해 우리의 현실은 죄 가운데 있지만, 하나님 앞에서 의롭다 하심을 얻게 되었습니다.

(롬 4:25) 예수는 우리가 범죄한 것 때문에 내줌이 되고 또한 우리를 의롭다 하시기

위하여 살아나셨느니라

예수님은 우리의 죗값을 치르기 위해 죽으셨고, 죄인을 의롭게 하시기 위해 살아나셨습니다.

그리스도이신 예수님의 부활을 통해 그리스도의 부활을 믿는 모든 성도는 비록 이 땅에서 언젠가는 육체의 죽음을 맞이하겠지만, 예수님 안에 있는 그리스도인들은 세상 마지막 날에 반드시 다시 살아날 것입니다.

(고전 6:14) 하나님이 주를 다시 살리셨고 또한 그의 권능으로 우리를 다시 살리시리라

그리스도이신 예수님의 부활을 통해 죽음 앞에서 절망적 패배 의식에 사로잡힌 우리 인류는 진정한 소망을 얻게 되었습니다.

(벧전 1:3) 우리 주 예수 그리스도의 아버지 하나님을 찬송하리로다 그의 많으신 긍휼대로 예수 그리스도를 죽은 자 가운데서 부활하게 하심으로 말미암아 우리를 거듭나게 하사 산 소망이 있게 하시며

우리는 그리스도이신 예수님의 부활을 통해 예수님이 우리 인류의 진정한 중보자 그리스도이시며 주님이심을 알 수 있습니다.

(롬 14:8~9) 8 우리가 살아도 주를 위하여 살고 죽어도 주를 위하여 죽나니 그러므로 사나 죽으나 우리가 주의 것이로다 9 이를 위하여 그리스도께서 죽었다가 다시 살아나셨으니 곧 죽은 자와 산 자의 주가 되려 하심이라

부활 신앙의 중요성

예수님의 육체적 부활을 도무지 믿지 못하는 일부 사람들은 예수님 부활의 의미를 "예수 정신의 부활"로 축소하려고 합니다. 그러나 우리가 믿는 부활은 예수님 정신의 부활이 아니라 예수님 육체의 부활을 믿는 우리의 미래 부활입니다.

하이델베르크 요리문답 45문은 이렇게 가르칩니다.

문: 그리스도의 부활은 우리에게 어떤 유익을 줍니까?
답: 첫째로, 그는 부활로 죽음을 이기셔서, 우리로 하여금 그가 죽으심으로 우리를 위하여 얻으신 의에 참여하게 하십니다. 둘째로, 그의 능력으로 말미암아 우리 역시 새로운 생명으로 살리심을 받습니다. 셋째로, 그리스도의 부활이 우리의 복된 부활에 대한 확실한 보증이 된다는 것입니다.

우리는 부활 신앙에 대한 예수님의 말씀을 기억해야 합니다.
(요 11:25~26) 25 예수께서 이르시되 나는 부활이요 생명이니 나를 믿는 자는 죽어도 살겠고 26 무릇 살아서 나를 믿는 자는 영원히 죽지 아니하리니 이것을 네가 믿느냐

그렇다면 예수님의 부활 믿음을 가진 우리는 어떻게 살아야 합니까? 예수님이 십자가에서 인류를 대속하기 위해 죽었다고 하더라도 부활 없이 죽음으로 끝났다고 한다면 예수님은 하늘의 통치자가 되지 못하셨을 것이고, 다시 오실 심판주도 되지 못하실 것입니다. 그렇게 되면 우리의 구원은 완성되지 못하고

우리에게는 다시 살아날 소망이 없을 것이기에 그리스도인은 무엇보다도 예수님 십자가와 부활을 신앙의 중심으로 여겨야 합니다.

(고전 15:17) 그리스도께서 다시 살아나신 일이 없으면 너희의 믿음도 헛되고 너희가 여전히 죄 가운데 있을 것이요

그리스도인은 예수님을 그리스도로 믿는 우리의 믿음이 헛되지 않으니 이 믿음을 견고히 지켜갈 것을 다짐해야 합니다.

(고전 15:58) 그러므로 내 사랑하는 형제들아 견실하며 흔들리지 말고 항상 주의 일에 더욱 힘쓰는 자들이 되라 이는 너희 수고가 주 안에서 헛되지 않은 줄 앎이라

그리스도인은 그리스도의 부활로 우리가 다시 살아난 줄로 알고 이 땅을 사는 동안 자신을 죄에 대하여는 죽은 자로, 하나님에 대하여는 산 자로 여겨야 합니다.

(롬 6:11) 이와 같이 너희도 너희 자신을 죄에 대하여는 죽은 자요 그리스도 예수 안에서 하나님께 대하여는 살아 있는 자로 여길지어다

그리스도인은 죄 된 본성의 욕구를 만족시키는 것을 이 땅에서의 삶이 전부로 알고 그것만 추구하는 삶을 살지 않아야 합니다.

(롬 6:12) 그러므로 너희는 죄가 너희 죽을 몸을 지배하지 못하게 하여 몸의 사욕에 순종하지 말고

그리스도인은 우리를 위해 아들을 내어주신 하나님 앞에서 이 땅에서 사는 동안 우리 자신을 하나님께 내어 드리는 삶을 살아야 합니다.

(롬 6:13) 또한 너희 지체를 불의의 무기로 죄에게 내주지 말고 오직 너희 자신을 죽은 자 가운데서 다시 살아난 자 같이 하나님께 드리며 너희 지체를 의의 무기

로 하나님께 드리라

그리스도인들은 무엇을 믿는 사람들입니까? 그리스도인들은 고난을 당하시고, 십자가에 못 박혀 돌아가시고, 장사 되어 음부에까지 내려가셨던 예수님께서 제자들에게 예언하신 대로 사흘째 되는 날 부활하셨음을 믿는 사람들입니다.

Chapter 7

승천하셔서
하나님 우편에 앉으신 예수님을
그리스도 주님으로 믿습니다

마가복음 16장 19절
주 예수께서 말씀을 마치신 후에
하늘로 올려지사 하나님 우편에 앉으시니라

승천하셔서 하나님 우편에 앉으신 예수님을 그리스도 주님으로 믿습니다

이번 장은 예수님의 높아지심에 관한 고백으로써 사도신경 6문장의 내용을 살펴보도록 하겠습니다. 옛 번역은 "하늘에 오르사 전능하신 하나님 우편에 앉아 계시다가"이고, 새 번역은 "하늘에 오르시어 전능하신 아버지 하나님 우편에 앉아 계시다가"입니다.

"그리스도의 높아지심"이 의미하는 바에 대하여 웨스트민스터 소요리문답 28문에서는 이렇게 가르칩니다.

문: 그리스도의 높이 되심은 무엇으로 이루어져 있습니까?
답: 그리스도의 높이 되심은 삼 일째 죽은 사람들 가운데서 다시 살아나신 것과, 하늘로 오르신 것과, 하나님 아버지의 오른쪽에 앉으신 것과, 마지막 날에 세상을 심판하러 오시는 것으로 이루어져 있습니다.

이 가르침에 따르면 그리스도의 높아지심에는 "부활, 승천, 좌정, 재림"이라는 네 가지 주제가 있습니다.

하늘에 오르시어

죽음에서 부활하신 예수님께서는 많은 사람에게 자신의 부활을 직접 나타내 보이셨습니다.

(행 1:3) 그가 고난받으신 후에 또한 그들에게 확실한 많은 증거로 친히 살아 계심을 나타내사 …

그리고 약 40일 동안 부활의 몸으로 이 땅에 머무르시면서 제자들을 만나고 가르치셨습니다.

(행 1:3) … 사십 일 동안 그들에게 보이시며 하나님 나라의 일을 말씀하시니라

예수님은 부활하신 지 40일째 되는 날 제자들이 보는 앞에서 하늘로 올려져 가셨습니다.

(행 1:9) 이 말씀을 마치시고 그들이 보는데 올려져 가시니 구름이 그를 가리어 보이지 않게 하더라

성경 구절 표현 그대로 보자면 예수님께서 자기 힘으로 날아 올라가신 것이 아니라 어떤 힘에 끌려 올라가시는 모습이었는데, 이것을 목격하는 제자들로서는 예수님이 어디로 가시는지 알 길이 없었습니다. 때마침 천사들이 나타나 예수님의 행선지가 "하늘"이라는 것과 이 모습 그대로 다시 오실 것을 가르쳐 줍니다.

(행 1:10~11) 10 올라가실 때에 제자들이 자세히 하늘을 쳐다보고 있는데 흰 옷 입은 두 사람이 그들 곁에 서서 11 이르되 갈릴리 사람들아 어찌하여 서서 하늘을 쳐다보느냐 너희 가운데서 하늘로 올려지신 이 예수는 하늘로 가심을 본 그대로 오시리라 하였느니라

우리는 예수님이 올려져 가신 그 '하늘'은 성자 하나님이 이 땅에 오시기 전 원래 계시던 곳이었음을 기억해야 합니다.

(요 6:62) 그러면 너희는 인자가 이전에 있던 곳으로 올라가는 것을 본다면 어떻게 하겠느냐

이때 예수님이 올려져 가신 '하늘'은 물리적 하늘^{Sky}이 아니라 하나님의 영역으로써의 하늘^{Heaven}입니다. 신학자 제임스 패커는 예수님이 올려져 가신 '하늘'의 개념에 대해 두 가지로 설명합니다.[15] 첫째, 세상을 만드시기 이전에도 '하나님께서 존재하시는 어떤 영역'이 있었을 것이기 때문에 하늘은 영원히 스스로 살아가시는 "하나님의 삶"이라고 말합니다. 둘째, 현재이든 내세이든 "하나님의 삶을 공유하고 누리는 천사나 사람들의 상태"를 하늘이라고 설명하면서 그런 점에서 그리스도인의 유산과 상급도 바로 그 '하늘'에 있다고 말합니다.

교회 역사에서는 예수님께서 하늘로 올려져 가신 이날을 "승천일"$^{昇天日, Feast of the Ascension, Ascension Day, In Ascensione Domini}$이라고 부릅니다. 그래서 교회 전통에서는 예수님의 부활이 일어난 주일을 1일로 해서 40일째 되는 날, 부활절 이후 제6주간 목요일이 되는 날을 예수님의 승천일로 기념합니다.

---

15. 제임스 패커, 「사도신경」, 김진웅 역, 아바서원, 2012, pp.91~92

전능하신 아버지 하나님 우편에 앉아 계시다가

성경은 하늘로 올려져 가신 예수님께서 하나님 보좌 우편에 앉으셨다고 말합니다.

> (막 16:19) 주 예수께서 말씀을 마치신 후에 하늘로 올려지사 하나님 우편에 앉으시니라

예수님의 승천이야 제자들이 목격하였기 때문에 하늘로 오르셨다고 말할 수 있지만, 하늘 위에서의 모습을 보지도 못하는 제자들이 어떻게 '예수님이 하나님 보좌 우편에 앉으셨다'라고 말할 수 있는 것일까요? 예수님의 승천과 좌정은 (우발적으로 일어난 일이 아니라) 예수님의 예언에 따른 것이기 때문입니다.

> (막 14:62) 예수께서 이르시되 내가 그니라 인자가 권능자의 우편에 앉은 것과 하늘 구름을 타고 오는 것을 너희가 보리라 하시니

순교 직전의 스데반은 환상 가운데 보좌 우편에 계신 예수님을 목격하고 그것을 외칠 때 주변에 있는 사람 모두가 이 이야기를 들을 수 있었습니다.

> (행 7:55~56) 55 스데반이 성령 충만하여 하늘을 우러러 주목하여 하나님의 영광과 및 예수께서 하나님 우편에 서신 것을 보고 56 말하되 보라 하늘이 열리고 인자가 하나님 우편에 서신 것을 보노라 한대

사도행전 7장 55~56절을 보면서 '예수님은 하나님 우편에 앉아 계시는가? 아니면 서 계시는가?'하고 논쟁하는 분들도 있습니다. 혹자는 복음의 순교자를 맞이하시기 위하여 일어서 계신 예수님의 모습을 묘사하는 것이라고 말하기도 합니다. 중요한 것은 하나님 우편이 승천하신 예수님의 자리라는 것입니다.

전능하신 하나님 우편에 앉으신 그리스도께서 하시는 일

우리 중에는 예수님의 십자가와 부활이면 충분한 것이지 예수님의 승천이나 하나님 보좌 우편에 앉으심 같은 주제가 우리의 구원과 무슨 상관이 있는지 의문을 품는 분도 있을 수 있습니다.

"죽으시고 부활하신 그리스도는 왜 하늘로 올라가셔야만 하셨을까요?"
"승천하신 그리스도는 재림하시기 전까지 하늘에서 무엇을 하고 계실까요?"

하나님 보좌 우편에 앉으신 그리스도 예수님은 거기에서 재림의 때를 무료하게 넋 놓고 기다리는 것이 아니라 하늘에서도 우리를 위한 그리스도 주님으로 일하고 계십니다. 이에 대해 웨스트민스터 소요리문답 23문은 이렇게 가르칩니다.

> 문: 그리스도께서 우리의 구속자로서 무슨 직분을 수행하십니까?
> 답: 그리스도께서 우리의 구속자로서 선지자와 제사장과 왕의 직분을 수행하시되, 낮아지심과 높이되심의 상태에서 수행하십니다.

성경을 연구하면 예수님은 이 땅에서만 우리의 그리스도로 일하신 것이 아니라 승천하시고 하나님 보좌 우편에 앉으셨어도 여전히 우리의 그리스도로 일하고 계신다는 것을 알 수 있습니다. 그렇다면 하나님 보좌 우편에 앉으신 그리스도는 도대체 어떻게 왕, 제사장, 선지자의 역할을 하고 계실까요?

첫 번째, 왕이신 그리스도의 역할입니다. 논리적으로 보자면 영으로 존재하시는 하나님께 물리적인 좌우편이 존재할 수는 없습니다. 그러므로 하나님의 오른쪽이라는 표현은 비유적으로 보는 것이 마땅해 보입니다.

구약 성경 기록에서 '하나님이 보좌에 앉으셨다'라는 표현이 나오면 '하나님이 통치하신다'라는 의미로 해석합니다.
(시 103:19) 여호와께서 그의 보좌를 하늘에 세우시고 그의 왕권으로 만유를 다 스리시도다

같은 관점에서 승천하신 예수 그리스도께서 하나님 우편에 앉으셨다는 말씀도 그리스도가 하나님의 뜻에 따라 왕으로 통치하신다는 의미로 받아들이는 것이 마땅해 보입니다.
(시 110:1) 여호와께서 내 주에게 말씀하시기를 내가 네 원수들로 네 발판이 되게 하기까지 너는 내 오른쪽에 앉아 있으라 하셨도다

주권과 통치를 상징하는 이 자리는 천사들에게조차도 허락되지 않은 자리였습니다.
(히 1:13) 어느 때에 천사 중 누구에게 내가 네 원수로 네 발등상이 되게 하기까지 너는 내 우편에 앉아 있으라 하셨느냐

성경은 예수님이 그 자리에 스스로 앉으신 것이 아니라 하나님이 예수님을 그 자리에 앉히셨다고 기록합니다.
(행 2:33) 하나님이 오른손으로 예수를 높이시매 그가 약속하신 성령을 아버지께 받아서 너희가 보고 듣는 이것을 부어 주셨느니라

하나님께서 예수님을 이 자리에 앉히셨다는 것은 예수님과 하나님의 특별한 관계, 예수님의 특별한 지위와 권세를 알게 합니다.

(엡 1:20~22) 20 그의 능력이 그리스도 안에서 역사하사 죽은 자들 가운데서 다시 살리시고 하늘에서 자기의 오른편에 앉히사 21 모든 통치와 권세와 능력과 주권과 이 세상뿐 아니라 오는 세상에 일컫는 모든 이름 위에 뛰어나게 하시고 22 또 만물을 그의 발 아래에 복종하게 하시고 그를 만물 위에 교회의 머리로 삼으셨느니라

예수님이 좌정하신 하나님의 오른쪽은 하늘의 영적 존재들을 포함하여 천상천하의 모든 피조물이 복종해야만 하는 권세의 자리, 통치의 자리입니다.
(벧전 3:22) 그는 하늘에 오르사 하나님 우편에 계시니 천사들과 권세들과 능력들이 그에게 복종하느니라

세상은 예수님께 조롱의 가시 면류관을 씌웠지만, 하나님은 그리스도이신 예수님께 영광과 존귀의 관을 씌우셨습니다.
(히 2:9) … 죽음의 고난 받으심으로 말미암아 영광과 존귀로 관을 쓰신 예수를 보니 …

예수님의 승천은 하늘 통치자로서의 취임을 위한 것입니다. 신학에서는 이것을 하늘 통치자로의 등극登極, ascend the throne 영원한 통치의 보좌에 좌정坐定, session 하심 혹은 영원한 권세자의 자리에 재위在位하심이라고 합니다.

이 땅에서는 머리 둘 곳조차 없으셨던 예수님께서는 승천하신 이후 하나님 보좌 우편에서 영원한 그리스도 "왕"으로서 세상을 통치하고 계십니다.
(빌 2:9~11) 9 이러므로 하나님이 그를 지극히 높여 모든 이름 위에 뛰어난 이름을 주사 10 하늘에 있는 자들과 땅에 있는 자들과 땅 아래에 있는 자들로 모든 무릎을 예수의 이름에 꿇게 하시고 11 모든 입으로 예수 그리스도를 주라 시인

하여 하나님 아버지께 영광을 돌리게 하셨느니라

두 번째, 제사장이신 그리스도의 역할입니다. 그리스도이신 예수님의 십자가에서 죽음은 우리를 위해 자기를 제물 삼은 희생의 제사였습니다.

(히 9:26) … 이제 자기를 단번에 제물로 드려 죄를 없이하시려고 세상 끝에 나타나셨느니라

그 제사는 많은 사람의 죄를 짊어지시고 죗값을 치르기 위함이었습니다.

(히 9:28) 이와 같이 그리스도도 많은 사람의 죄를 담당하시려고 단번에 드리신 바 되셨고 …

예수님의 희생 제사 결과로 우리는 예수님 안에서, 하나님 앞에서 거룩함을 얻게 되었습니다.

(히 10:10) 이 뜻을 따라 예수 그리스도의 몸을 단번에 드리심으로 말미암아 우리가 거룩함을 얻었노라

이 제사는 인류 역사가 존재하는 시간의 개념이나 제한을 넘어서는 영원한 제사이고, 그 효력이 이 사건 전후를 따질 필요가 없이 모두에게 적용되는 영원한 제사였습니다.

(히 10:12) 오직 그리스도는 죄를 위하여 한 영원한 제사를 드리시고 하나님 우편에 앉으사

예수님의 이 희생 제사는 유효한 기한이 있어 다시 드려야 할 필요가 없는 완전한 단번의 제사였습니다.

(히 10:18) 이것들을 사하셨은즉 다시 죄를 위하여 제사 드릴 것이 없느니라

구약 제사 제도에 따르면 희생 제사 이후에는 제물의 피를 들고 속죄소에 들어가 속죄의 기도를 드리며 그 피를 부어야 합니다.

(레 16:15) 또 백성을 위한 속죄제 염소를 잡아 그 피를 가지고 휘장 안에 들어가서 그 수송아지 피로 행함 같이 그 피로 행하여 속죄소 위와 속죄소 앞에 뿌릴지니

이런 제사법에 근거하여 볼 때 그리스도이신 예수님이 부활하여 하늘로 오르시고 하나님 보좌 앞에 나아가시는 것은 하늘의 속죄소로 들어가 제사를 드리는 일입니다.

(히 9:12) 염소와 송아지의 피로 하지 아니하고 오직 자기의 피로 영원한 속죄를 이루사 단번에 성소에 들어가셨느니라

만약 하나님께서 우리를 위해 십자가에 못 박히고 죽임당하신 그리스도를 인정하지 않고 받아주지 않으신다면 우리의 구원은 불가합니다. 하나님께서 부활하신 예수님을 하늘로 올리시고 하나님 보좌 우편에 앉히신 것은 이 땅에서 예수님의 사역이 하나님의 뜻을 충족시키고 우리의 구원을 위한 예수님의 사역과 제사가 성공하였음에 대한 선언입니다.

구약의 대제사장이 속죄의 피를 가지고 지성소로 들어가 하나님 앞에 기도할 때 이스라엘 온 백성의 죄가 용서받았던 것처럼 예수님은 온 세상의 죄를 속죄하기 위해 자신의 피를 들고 하늘의 지성소로 들어가셨는데 이런 의미에서 예수님은 하늘의 큰 대제사장이십니다.

(히 4:14) 그러므로 우리에게 큰 대제사장이 계시니 승천하신 이 곧 하나님의 아들 예수시라 우리가 믿는 도리를 굳게 잡을지어다

승천하신 예수님께서 하늘의 대제사장으로 하시는 또 다른 사역은 우리의

영원한 그리스도로서 하나님께 중보하시는 일입니다.

> (롬 8:34) 누가 정죄하리요 죽으실 뿐 아니라 다시 살아나신 이는 그리스도 예수시니 그는 하나님 우편에 계신 자요 우리를 위하여 간구하시는 자시니라

이 땅의 대제사장은 일 년에 한 차례만 지성소에 들어갈 수 있지만 하늘의 대제사장은 하나님 우편에 앉으셔서 영구적으로 이 역할을 수행하십니다.

> (시 110:4) 여호와는 맹세하고 변하지 아니하시리라 이르시기를 너는 멜기세덱의 서열을 따라 영원한 제사장이라 하셨도다

지금 우리는 나의 기도가 충분해서가 아니라 그리스도의 중보자적 기도 덕분에 지금의 은혜를 누리며 살고 있다는 것을 알아야 합니다. 우리가 잘났고 잘해서 이렇게 사는 것이 아니라 다 그리스도의 사역 덕분이라는 말입니다.

> (히 7:25) 그러므로 자기를 힘입어 하나님께 나아가는 자들을 온전히 구원하실 수 있으니 이는 그가 항상 살아 계셔서 그들을 위하여 간구하심이라

승천하신 예수님은 하나님 보좌 우편에서 영원한 그리스도로서 하늘의 대제사장 역할을 하고 계십니다.

세 번째, 선지자이신 그리스도의 역할입니다. 선지자는 하나님의 뜻을 가르치고 거기에서 벗어난 사람들을 책망하고 깨우쳐 하나님 안에서 살도록 이끌어 주는 사람들입니다.

예수님의 승천은 우리를 버리거나 떠나는 것이 목적이 아니라 궁극적으로 우리와 함께하시기 위함입니다.

> (요 14:3) … 내가 다시 와서 너희를 내게로 영접하여 나 있는 곳에 너희도 있게

하리라

이 일을 위해 승천하신 예수님은 지금도 성도들을 위해 하늘의 처소를 예비하고 계십니다.

(요 14:2) 내 아버지 집에 거할 곳이 많도다 그렇지 않으면 너희에게 일렀으리라 내가 너희를 위하여 거처를 예비하러 가노니

그러나 그때가 오기까지 우리를 이 세상에 버려두지 않고 우리를 위한 보혜사를 세상으로 보내 주셨습니다.

(요 16:7) 그러나 내가 너희에게 실상을 말하노니 내가 떠나가는 것이 너희에게 유익이라 내가 떠나가지 아니하면 보혜사가 너희에게로 오시지 아니할 것이요 가면 내가 그를 너희에게로 보내리니

우리를 버려두지 않겠다는 약속을 지키시기 위함입니다.

(요 14:18) 내가 너희를 고아와 같이 버려두지 아니하고 너희에게로 오리라

하늘에서 일어난 일을 다 보지도 못하고, 알지도 못하는 지상의 제자들도 예수님의 가르침을 통해 하늘로 올라가신 예수님이 성령을 보내실 것을 알고 있었습니다.

(행 2:33) 하나님이 오른손으로 예수를 높이시매 그가 약속하신 성령을 아버지께 받아서 너희가 보고 듣는 이것을 부어 주셨느니라

이 성령께서 제자들에게만이 아니라 오늘 우리에게도 모든 것을 가르치고 깨우치시는 선지자로 일하십니다.

(요 14:26) 보혜사 곧 아버지께서 내 이름으로 보내실 성령 그가 너희에게 모든 것을

가르치고 내가 너희에게 말한 모든 것을 생각나게 하리라

　그리스도께서 보내신 보혜사 성령의 도우심이 없으면 우리는 하나님의 뜻과 진리를 깨달을 수도 없고, 믿음을 지켜갈 수도 없고, 사탄을 대적할 수도 없고, 하나님의 자녀라는 증거도 없습니다.

　그리스도의 사역은 십자가와 승천이 각각 따로가 아니라 십자가와 부활과 승천, 이 모든 것이 우리의 구원을 위한 한 세트로써의 완전한 속죄 사역, 구원 사역으로 보아야 합니다. 하나님의 구원 계획은 우리가 온전히 이해할 길이 없을 만큼 크고 오묘합니다.

　만약 우리의 삶이 눈에 보이는 세상에서의 삶이 전부이고, 우리 삶에 대한 인간들의 평가가 전부라고 한다면, 이 땅에서 의미 있는 성공도 이루지 못하고 수고와 고생에 대해 충분히 보상받지 못하고 그냥 그렇게 살다가 죽으면 한 줌 흙으로 끝나는 것이 인생이라고 한다면 우리의 삶은 얼마나 허무할까요? 만약 그것이 인생의 전부라고 한다면 우리는 무서운 세상, 믿을 사람 없는 세상에서 어떻게 해서라도 이익을 얻어야 하고, 손해 보지 않아야 하고, 배려하기보다는 움켜쥐어야 하고, 내 꿈과 소원을 이루고 조금이라도 더 누리고 사는 것이 전부라고 생각하는 것이 마땅합니다. 삶은 이번 생이 전부이고, 믿을 것은 내 손에 쥔 돈뿐이고, 남는 것은 내가 먹은 것과 누린 것뿐이라면 당연히 그렇게 살아야 합니다.

　그런데 예수님의 승천과 하나님 보좌 우편에 앉으심의 이야기는 우리에게 삶에 대해 다른 생각을 하게 만듭니다. 자신을 지극히 낮추어 아버지 하나님의 뜻에 완전히 굴복하셔서 낮아지신 그리스도를 하나님께서는 최고의 영광

의 자리로 높이셨습니다. 그리스도의 승천은 사역을 마치심이 아니라 사역을 완성하시기 위함이었습니다. 그리스도의 승천은 우리를 버리고 떠나심이 아니라 우리를 위하여 일하기 위함이었습니다. 예수님은 승천하신 이후에도 여전히 우리의 그리스도로 중보자로 일하고 계십니다. 하늘 보좌에서 우리를 통치하는 왕으로, 하나님 앞에서 우리를 위해 중보하는 큰 대제사장으로, 성령을 통해 가르치고 깨우치는 선지자로 일하고 계십니다.

그리스도인들은 죽음에서 부활하시고 승천하신 예수님이 하나님 보좌 우편에서 지금도 우리를 위해 그리스도로 일하고 계심을 믿는 사람들입니다. 부활 승천하여 하나님 보좌 우편에 앉아 계신 이 예수님이 나의 그리스도, 나의 주님이십니다. 나를 다스리는 하늘의 왕, 나를 인도하는 능력의 보혜사, 나의 모든 부족함을 변호하는 하늘의 변호사이십니다.

이 사실이 우리가 하나님의 말씀에 순종해야 할 이유를 보여 줍니다. 당장은 낮아짐의 길인 것 같지만 결국은 높아지심의 길을 걸어가신 그리스도를 보면서 때론 이해하기 힘들고, 때론 순종하기 힘들지만, 이 믿음의 길에서 우리는 오늘의 확신과 미래의 소망을 품을 수 있습니다.

예수 그리스도께서 승천하면서 남기신 명령을 "지상명령"[至上命令]이라고 부릅니다. '땅[地] 위에서[上] 지켜야 할 명령'이 아니라, "지극히[至] 높은[上] 명령"[Great Commission]이라는 뜻입니다. 예수님이 오르신 '하나님 보좌 우편'은 '하늘과 땅의 모든 권세를 가진 자리'이기 때문입니다.

> (마 28:18) 예수께서 나아와 말씀하여 이르시되 하늘과 땅의 모든 권세를 내게 주셨으니

순종하는 예수님을 하나님이 높이셨던 것처럼 예수님의 말씀을 따라 행하는 우리의 모든 수고도 절대 헛되지 않을 것입니다. 이것이 예수님의 승천과 좌정을 믿는 우리가 가져야 할 현실의 믿음입니다.

(고전 15:58) 그러므로 내 사랑하는 형제들아 견실하며 흔들리지 말고 항상 주의 일에 더욱 힘쓰는 자들이 되라 이는 너희 수고가 주 안에서 헛되지 않은 줄 앎이라

Chapter 8

심판주로 다시 오실 예수님을
그리스도 주님으로 믿습니다

사도행전 1장 11절
이르되 갈릴리 사람들아 어찌하여 서서 하늘을 쳐다보느냐
너희 가운데서 하늘로 올려지신 이 예수는
하늘로 가심을 본 그대로 오시리라 하였느니라

심판주로 다시 오실 예수님을 그리스도 주님으로 믿습니다

    우리는 사도신경을 통해 주님이신 그리스도께서 과거와 현재와 미래에 우리를 위해 행하신 일들을 고백합니다. 그리스도이신 주님께서 "과거에 행하신 일"이란 우리를 위하여 고난받고, 십자가에 못 박혀 죽임당하고, 장사 되고, 죽음의 세계 음부에까지 내려갔다가 부활하고 승천한 일입니다. 그리스도이신 주님께서 "현재에 행하시는 일"이란 하나님 보좌 우편에서 지금도 우리의 중보자로 일하고 계시는 것입니다.

    신약 성경 안에는 예수님의 재림에 대한 말씀이 318번이나 구체적으로 기록되어 있습니다. 이를 두고 성경학자들은 "그리스도께서 동정녀를 통해 탄생하실 것이라는 구체적인 예언은 구약 성경 이사야 7장 14절에 한 번 나오는데

도 그 말씀대로 이루어졌다면 구약 성경에 네 번, 신약 성경에 318번이나 나오는 이 예언이 그대로 이루어지리라는 것은 너무나도 분명하지 않겠는가?"라고 말합니다. 예수님은 반드시 다시 오십니다!

이것을 고백하는 것이 바로 사도신경의 7문장입니다. 7문장의 옛 번역은 "저리로서 산 자와 죽은 자를 심판하러 오시리라"이고, 새 번역은 "거기로부터 살아 있는 자와 죽은 자를 심판하러 오십니다" 입니다.

재림: 거기로부터 오십니다

성자 하나님이 원래 계시던 곳이 '하늘'이기 때문에 그리스도께서 동정녀 마리아를 통해 인간으로 이 '땅'에 내려오셨다는 의미에서 "강림"降臨, advent이라고 부릅니다. 이후 십자가 죽음과 부활과 승천을 통해 하나님 보좌 우편에 계신 그리스도께서 영광 가운데 이 땅에 다시 오실 것을 두고서 두 번째로 오신다는 점에서 "재림"再臨, second coming이라는 단어를 사용하기 때문에 첫 강림을 초림初臨, first coming이라고 칭하게 되었습니다.

사도신경에서 "거기로부터"from there 오신다는 고백은 표면적으로는 "하늘"로부터 오신다는 뜻이지만, 내용적으로는 "하나님의 보좌 우편에 앉으신 분의 권세를 가지고 오신다"라는 복합적인 뜻을 담고 있습니다. 예수님의 다시 오심에 관해서는 여러 성경 구절을 통해서 이렇게 정리할 수 있습니다.

예수님께서는 이 땅에 계실 때 이미 '하나님의 아들 그리스도로서 자신이 다시 올 것'이라고 예언하셨습니다. 예수님의 재림은 의도하지 않았던 일이 우연히 발생하는 사건이 아니라 의도하고 예언한 일이 성취되는 "예언적 재림"입니다.

> (마 26:64) … 이 후에 인자가 권능의 우편에 앉아 있는 것과 하늘 구름을 타고 오는 것을 너희가 보리라 …

예수님의 다시 오심은 '위임받은 다른 존재'가 '처음 보는 다른 모습'으로 오시는 것이 아니라 이 땅에 오셔서 십자가를 지시고 부활 승천하신 예수님 당신이 직접 다시 오시는 것입니다. 예수님의 재림은 누구를 대신 보내는 대리자 파송이 아니라 예수님 스스로 다시 오시는 "인격적 재림"입니다.

> (계 1:7) 볼지어다 그가 구름을 타고 오시리라 각 사람의 눈이 그를 보겠고 그를 찌른 자들도 볼 것이요 땅에 있는 모든 족속이 그로 말미암아 애곡하리니 그러하리라 아멘

예수님께서 다시 오실 때는 예수님이 승천하실 때 사람들이 본 '모습 그대로' 다시 오십니다. 예수님의 재림은 영적인 재림이 아니라 변화한 몸으로 오시는 "육체적 재림"입니다.

> (행 1:11) 이르되 갈릴리 사람들아 어찌하여 서서 하늘을 쳐다보느냐 너희 가운데서 하늘로 올려지신 이 예수는 하늘로 가심을 본 그대로 오시리라 하였느니라

예수님의 다시 오심은 믿는 자들만이 아니라 믿지 않는 자들도 목격할 수 있을 것입니다.

> (마 24:30) 그 때에 인자의 징조가 하늘에서 보이겠고 그 때에 땅의 모든 족속들이 통곡하며 그들이 인자가 구름을 타고 능력과 큰 영광으로 오는 것을 보리라

이때 예수님의 재림은 어디부터 시작하여 어디까지 순차적으로 나타나는

것이 아니라 전 지구적, 전 창조 세계가 실시간으로 목격하게 될 것입니다. 예수님의 재림은 모든 피조 세계가 목격할 수 있는 "가견적,^{可見的} 가시적,^{可視的} 공개적,^{公開的} 우주적 재림"입니다.

(마 24:27) 번개가 동편에서 나서 서편까지 번쩍임 같이$^{\text{For just as the lightning comes from the east and flashes even to the west}}$ 인자의 임함도 그러하리라

예수님이 다시 오실 때의 모습에 대하여 여러 구절에서 반복되는 표현은 "구름을 타고"라는 표현입니다.

(마 26:64) … 하늘 구름을 타고 오는 것을 너희가 보리라

(계 1:7) 볼지어다 그가 구름을 타고 오시리라

성경이 기록될 시기의 사람들 의식 속에 구름은 하늘과 땅을 가리는 경계, 신적 영역 혹은 신적 임재의 상징으로 받아들여졌기 때문에 구름을 탄다는 것은 탑승이나 승차와 같은 개념이 아니라 "신적 권위와 영광 가운데"라고 이해해야 합니다. 그래서 예수님께서도 "구름을 타고"에 대한 설명으로 "능력과 큰 영광으로"라고 해석해 주셨습니다.

(마 24:30) … 구름을 타고 능력과 큰 영광으로 오는 것을 보리라

성자 하나님이 이 땅에 처음 오실 때는 사람들이 알아보기 힘든 낮아지신 모습의 구원자로 오셨습니다. 그러나 성자 하나님이 다시 오실 때는 그 현상을 바라보는 누구나 그분이 통치자요, 주권자이시라는 것을 알아볼 수 있는 방법으로 높아지신 절대자의 모습으로 오실 것입니다. 그런 점에서 예수님의 재림은 천사나 메신저의 나타남이 아니라 하나님의 아들이 직접 오시는 "신적 재림"이며, 영광 가운데 공개적으로 나타나는 "승리적 재림"입니다.

(살후 1:7) … 주 예수께서 자기의 능력의 천사들과 함께 하늘로부터 불꽃 가운

데에 나타나실 때에

(살후 1:10) 그 날에 그가 강림하사 그의 성도들에게서 영광을 받으시고 모든 믿는 자들에게서 놀랍게 여김을 얻으시리니 …

이러한 예수님의 재림은 누구도 예측하지 못할 때 일어날 것입니다. 예수님의 재림은 "돌발적 재림"입니다.

(마 24:44) 이러므로 너희도 준비하고 있으라 생각하지 않은 때에 인자가 오리라

가장 중요한 것은 예수님의 재림은 첫 오심으로 시작된 인류 구원의 완성인 동시에 종말적 심판을 실행하는 시간이 될 것입니다. 예수님의 재림은 "심판적 재림"입니다.

(살후 1:8~9) 8 하나님을 모르는 자들과 우리 주 예수의 복음에 복종하지 않는 자들에게 형벌을 내리시리니 9 이런 자들은 주의 얼굴과 그의 힘의 영광을 떠나 영원한 멸망의 형벌을 받으리로다

재림의 목적: 살아 있는 자와 죽은 자를 심판하러

사도신경은 예수님의 재림이 심판을 목적으로 하고 있다는 것에 특별한 초점을 두고 있습니다.

심판의 날, 심판의 주인, 성경에서는 이미 구약 시대로부터 크고 두려운 하나님의 심판의 날이 올 것을 예언하고 있습니다.

(욜 2:31) 여호와의 크고 두려운 날이 이르기 전에 해가 어두워지고 달이 핏빛 같이 변하려니와

전능하사 천지를 만드신 하나님 아버지께서는 이 크고 두려운 심판 날의 모든 권세를 아들에게 맡기셨습니다.

(요 5:22) 아버지께서 아무도 심판하지 아니하시고 심판을 다 아들에게 맡기셨으니

(행 10:42) 우리에게 명하사 백성에게 전도하되 하나님이 살아 있는 자와 죽은 자의 재판장으로 정하신 자가 곧 이 사람인 것을 증언하게 하셨고

하나님으로부터 심판을 위임받은 이 예수 그리스도는 "의로우신 재판장"이십니다.

(딤후 4:8) 이제 후로는 나를 위하여 의의 면류관이 예비되었으므로 주 곧 의로우신 재판장이 그 날에 내게 주실 것이며 내게만 아니라 주의 나타나심을 사모하는 모든 자에게도니라

바울은 아덴 사람들에게 전도할 때도 예수님을 일컬어 "천하를 공의로 심판하실 분"이라고 설교했었습니다.

(행 17:31) 이는 정하신 사람으로 하여금 천하를 공의로 심판할 날을 작정하시고 이에 그를 죽은 자 가운데서 다시 살리신 것으로 모든 사람에게 믿을 만한 증거를 주셨음이니라 하니라

그렇다면 예수님이 재판장으로 재림하실 때 누가 재판을 받게 될까요? 성경은 단지 그 시점의 지구상에 있는 사람들만이 아니라 산 자와 죽은 자, 즉 이 세상에 존재했던 모든 사람이 재판을 받게 될 것이라고 가르칩니다.

(딤후 4:1) 하나님 앞과 살아 있는 자와 죽은 자를 심판하실 그리스도 예수 앞에서 그가 나타나실 것과 그의 나라를 두고 엄히 명하노니

(벧전 4:5) 그들이 산 자와 죽은 자를 심판하기로 예비하신 이에게 사실대로 고하리라

이 세상에 존재했던 사람 가운데 그 누구도 이 재판을 피해 갈 길이 없습니다.

(고후 5:10) 이는 우리가 다 반드시 그리스도의 심판대 앞에 나타나게 되어 각각 선악간에 그 몸으로 행한 것을 따라 받으려 함이라

누구나 심판을 받게 된다면 산 사람은 그렇다 쳐도 이미 죽어버린 사람들, 한 줌 가루가 되어 흩어져버린 사람들은 어떻게 이 재판에 참여할 수 있을까요? 예수님께서는 심판 날, 이 세상에 존재했던 인류가 다시 살아나 심판대 앞에 설 것이라고 말씀하셨습니다.

(요 5:27~29) 27 또 인자됨으로 말미암아 심판하는 권한을 주셨느니라 28 이를 놀랍게 여기지 말라 무덤 속에 있는 자가 다 그의 음성을 들을 때가 오나니 29 선한 일을 행한 자는 생명의 부활로, 악한 일을 행한 자는 심판의 부활로 나오리라

그런 점에서 예수 재림의 날은 하늘 문만 열리는 것이 아니라 죽음의 문이 열리는 날입니다. 믿는 사람만이 아니라 믿지 않는 사람도 살아나 부활할 것을 기억하십시오. 죽으면 끝이라고 여겼는데 마지막 날에 다시 살려냄을 받아 재판대 앞에 설 때 믿지 않는 분들은 얼마나 당황스러울까요?

이 심판의 내용과 기준은 먼저 "생명책"book of life에 이름이 기록된 여부에 따라 천국과 지옥이 결정될 것입니다.

(계 20:15) 누구든지 생명책에 기록되지 못한 자는 불못에 던져지더라

생명책에 이름이 기록되는 기준은 예수님을 주님으로 모시고 하나님의 자녀로 호적에 오르는入籍 것입니다.

(살후 1:7b~9) 7 … 주 예수께서 자기의 능력의 천사들과 함께 하늘로부터 불꽃 가운데에 나타나실 때에 8 하나님을 모르는 자들과 우리 주 예수의 복음에 복종

하지 않는 자들에게 형벌을 내리시리니 9 이런 자들은 주의 얼굴과 그의 힘의 영
광을 떠나 영원한 멸망의 형벌을 받으리로다

그다음에는 "행위책"^books according to their deeds에 기록된 내용에 따라 심판을 받을 것입
니다.
(계 20:12~13) 12 또 내가 보니 죽은 자들이 큰 자나 작은 자나 그 보좌 앞에 서
있는데 책들이 펴 있고 … 죽은 자들이 자기 행위를 따라 책들에 기록된 대로 심
판을 받으니 13 … 각 사람이 자기의 행위대로 심판을 받고

세상 마지막 날의 재판이 생명책과 행위책에 근거한다는 이 성경 기록 앞에
서 우리는 믿음만 있으면 행실이 필요 없는 것이 아니라 믿음과 행실 모두가
필요하다는 것을 배우게 됩니다.
(마 16:27) 인자가 아버지의 영광으로 그 천사들과 함께 오리니 그 때에 각 사람
이 행한 대로 갚으리라
(계 22:12) 보라 내가 속히 오리니 내가 줄 상이 내게 있어 각 사람에게 그가 행
한 대로 갚아 주리라

이 심판을 통해 하나님은 지구상에 존재했던 모든 인류를 분류하실 것입니
다.
(마 25:31~33) 31 인자가 자기 영광으로 모든 천사와 함께 올 때에 자기 영광의 보
좌^재판장의 자리에 앉으리니 32 모든 민족을 그 앞에 모으고 각각 구분하기를 목자가
양과 염소를 구분하는 것 같이 하여 33 양은 그 오른편에 염소는 왼편에 두리라

예수 재림을 통해 실행되는 이 심판을 통해 악과 선이 공존하던 이 세상도
정리되고 새 세상이 시작될 것입니다.

(계 20:14) 사망과 음부도 불못에 던져지니 이것은 둘째 사망 곧 불못이라

어릴 때 준비물을 못 챙겨 학교에 갔던 날이 있으십니까? 준비물을 챙기지 못한 사람에게 준비물 검사는 피하고 싶은 일이었고 수업은 난감한 시간이었습니다. 당장 평가가 시행되지 않을 때는 무엇인가를 준비하는 사람, 그것도 착실하게 준비하는 사람이 어리석어 보입니다. 뭘 그렇게까지 하나? 굳이 그럴 필요 있나? 누가 아나? 누가 인정해 주나? 등의 말을 들을 때도 있습니다. 세상이 혼란하고 질서가 확립되지 않았을 때는 눈치껏 이익을 따라 강한 자의 편을 들고 악한 일을 해도 묻혀 지나가지만, 세상이 질서가 잡히고 정당한 평가의 시간이 다가오면 무질서할 때의 모든 행위와 행실이 새롭게 조명됩니다. 준비하지 않은 사람은 요행을 바라지만 준비한 사람은 확실한 안전을 얻을 수 있습니다.

그리스도인은 무엇을 믿는 사람들입니까? 우리는 우리를 위해 십자가를 지시고 부활 승천하신 예수님께서 심판장으로 재림하실 것을 믿는 사람들입니다. 이것을 믿는 성도들이 기억해야 할 몇 가지 사실이 있습니다.

사람은 누구나 자신의 부족함을 압니다. 절대적인 평가자 앞에 설 때 완전한 자신감으로 설 수 있는 사람이 누가 있을까요? 그러나 예수님의 재림을 믿는 그리스도인들은 이 땅을 사는 동안 죽음의 두려움에 사로잡히지 말고 천국소망으로 당당해야 합니다.

(히 2:15) 또 죽기를 무서워하므로 한평생 매여 종노릇 하는 모든 자들을 놓아주려 하심이니

예수님의 심판이 지식이나 능력에 대한 평가가 아니라 하나님과의 관계에

대한 재판이 될 것이기 때문입니다. 이 심판에서 우리는 자기 능력이 아니라 그리스도이신 예수님에 대한 응답과 태도에 근거해서 심판받게 됩니다.

우리는 십자가와 부활의 예수님을 믿는 믿음으로 이미 하나님의 판단을 받은 사람들입니다. 하나님께서 내어주신 구원의 길을 믿는 우리의 태도에서 이미 재판은 끝났습니다.

> (요 3:35~36) 35 아버지께서 아들을 사랑하사 만물을 다 그의 손에 주셨으니 36 아들을 믿는 자에게는 영생이 있고 아들에게 순종하지 아니하는 자는 영생을 보지 못하고 도리어 하나님의 진노가 그 위에 머물러 있느니라

우리를 심판하실 예수님은 십자가에서 우리의 죄를 대신하는 하나님의 저주를 받으시기까지 우리를 사랑하신 분이십니다. "내가 이미 그런 은혜를 베풀었는데 아직도 그 모양 그 꼴이냐?"라고 비난하지 않으시는 우리의 변호사이십니다.

> (요 3:16) 하나님이 세상을 이처럼 사랑하사 독생자를 주셨으니 이는 그를 믿는 자마다 멸망하지 않고 영생을 얻게 하려 하심이라

이러한 이유로 우리는 마지막 날 심판을 두려워할 것이 아니라 기대할 수 있습니다. 그 자리에서는 우리의 부족함에도 불구하고 영원한 구원의 선언이 선포될 것입니다. 우리는 은혜의 보좌 뿐만 아니라 그리스도의 심판대 앞에도 당당히 나아갈 수 있습니다.

예수님의 재림을 믿는 우리는 이 땅을 사는 동안 구원주요 심판주이신 예수님을 전해야 합니다. 그리스도를 만난 사람에게는 재림의 예수님은 구세주이지만 그리스도를 만나지 못한 사람에게는 심판주 입니다. 지금 예수님을 만나

면 구세주로 만날 수 있지만, 마지막 날에 예수님을 만나면 심판장으로 만나야 합니다. 예수 안에 있는 우리에게는 정죄함도, 심판의 두려움도 없지만 그리스도의 십자가를 받아들이지 못한 사람들은 예수님을 인정하지 않는 자신을 예수님이 심판하신다는 이야기가 매우 큰 두려움이 될 것입니다. 재림하시는 예수님의 심판을 준비하는 방법은 오직 믿음뿐입니다.

예수님의 재림을 믿는 우리는 이 땅을 사는 동안 누가 알아주지 않아도 예수님의 의로운 재판을 기대하고 상급을 바라보며 충성되게 살아야 합니다. 만나보지도 않았던 나다나엘의 속마음을 아시고, 사마리아 여인의 삶도 아시고, 아나니아와 삽비라의 속임도 알고 계시는 예수님은 우리가 누구인지, 우리가 어떻게 살았는지 온전히 아시기 때문입니다.

(시 139:1~4) 1 여호와여 주께서 나를 살펴보셨으므로 나를 아시나이다 2 주께서 내가 앉고 일어섬을 아시고 멀리서도 나의 생각을 밝히 아시오며 3 나의 모든 길과 내가 눕는 것을 살펴보셨으므로 나의 모든 행위를 익히 아시오니 4 여호와여 내 혀의 말을 알지 못하시는 것이 하나도 없으시니이다

예수 재림 : 재앙의 소식인가? 기쁨의 소식인가?

이 세상의 누구도 예수님을 속일 수 없습니다. 바울이 예수 그리스도의 복음을 위한 삶에 전념하여 살 수 있었던 것은 자기가 믿는바 예수 그리스도께서 자기의 모든 삶의 재판장이 되실 것을 믿었기 때문입니다. 세상에서도 자기가 믿는 사람에게 운명을 걸듯 바울은 재판장이 되실 그리스도에게 자기 인생을 걸었습니다. 이 땅에서 행한 대로 심판받기에 하늘의 상이 달라질 것을 믿었습니다.

그런 점에서 예수님께서 인류 심판의 재판장으로 다시 오실 것이라는 이야기는 예수님을 믿지 않는 사람들에게는 재앙의 소식이고, 예수님을 믿는 사람들에게는 기쁨의 소식이 될 것입니다. 예수님이 우리의 모든 것을 알고 계신다는 이야기는 누군가에게는 매우 큰 위로가 되지만, 또 다른 누군가에게는 큰 두려움이 될 것입니다.

예수님의 재림을 고백하며 기다릴 수 있는 사람은 예수님의 재판을 통해 칭찬과 인정받을 수 있는 믿음의 삶을 사는 사람입니다. 예수님 재림의 신앙 고백은 이 땅에서 정당한 대가를 받지 못하더라도 바른길, 믿음의 길을 걸어가야 한다는 것을 되새기는 결심입니다.

하이델베르크 요리문답 52문은 이렇게 가르칩니다.

문: 그리스도께서 죽은 자와 산 자를 심판하러 오시리라는 것이 당신에게는 어떤 위로를 줍니까?

답: 온갖 슬픔^{distress}과 박해 중에서도, 전에 나를 위하여 하나님의 심판대 앞에 자기 자신을 드리셨고, 그리하여 내게서 모든 저주를 제거하신 바로 그분께서 하늘로부터 심판자로서 임하시기를 머리를 들어 기다립니다. 그는 그와 나의 모든 원수들을 영원한 심판^{punishment}으로 정죄^{condemn}하실 것이며, 그의 택하심을 받은 모든 자들과 함께 나를 그에게로 취하여 가사 하늘의 기쁨과 영광을 누리게 하시리라는 것입니다.

예수님께서 마지막 날을 준비해야 한다고 가르쳐 주신 비유입니다.

(마 25:1~13) 1 그 때에 천국은 마치 등을 들고 신랑을 맞으러 나간 열 처녀와 같

다 하리니 2 그 중의 다섯은 미련하고 다섯은 슬기 있는 자라 3 미련한 자들은 등을 가지되 기름을 가지지 아니하고 4 슬기 있는 자들은 그릇에 기름을 담아 등과 함께 가져갔더니 5 신랑이 더디 오므로 다 졸며 잘새 6 밤중에 소리가 나되 보라 신랑이로다 맞으러 나오라 하매 7 이에 그 처녀들이 다 일어나 등을 준비할새 8 미련한 자들이 슬기 있는 자들에게 이르되 우리 등불이 꺼져가니 너희 기름을 좀 나눠 달라 하거늘 9 슬기 있는 자들이 대답하여 이르되 우리와 너희가 쓰기에 다 부족할까 하노니 차라리 파는 자들에게 가서 너희 쓸 것을 사라 하니 10 그들이 사러 간 사이에 신랑이 오므로 준비하였던 자들은 함께 혼인 잔치에 들어가고 문은 닫힌지라 11 그 후에 남은 처녀들이 와서 이르되 주여 주여 우리에게 열어 주소서 12 대답하여 이르되 진실로 너희에게 이르노니 내가 너희를 알지 못하노라 하였느니라 13 그런즉 깨어 있으라 너희는 그 날과 그 때를 알지 못하느니라

예수님의 재림이 우리 모두의 진실하고 궁극적인 소망이 되기를 바랍니다.

Chapter 9

성령을 믿습니다

요한복음 14장 16~17절
내가 아버지께 구하겠으니 그가 또 다른 보혜사를 너희에게 주사
영원토록 너희와 함께 있게 하리니 그는 진리의 영이라
세상은 능히 그를 받지 못하나니 이는 그를 보지도 못하고
알지도 못함이라 그러나 너희는 그를 아나니
그는 너희와 함께 거하심이요 또 너희 속에 계시겠음이라

성령을 믿습니다

사도신경 8문장은 성령 하나님에 대한 고백입니다. 옛 번역은 "성령을 믿사오며"이고, 새 번역은 "나는 성령을 믿으며"입니다.

성부 하나님을 '전능하신 아버지 하나님, 천지의 창조주'라고 고백하고, 성자 하나님에 대해서는 전능하신 창조주 하나님의 유일하신 아들, 우리 주 예수 그리스도로, 성령으로 잉태되어 동정녀 마리아에게서 나신 분으로, 본디오 빌라도에게 고난을 받아 십자가에 못 박혀 죽으신 분으로, 장사된 지 사흘 만에 죽은 자 가운데서 다시 살아나신 분으로, 하늘에 오르시어 전능하신 아버지 하나님 우편에 앉아 계신 분으로, 하나님의 보좌 우편에서부터 살아 있는 자와 죽은 자를 심판하러 다시 오시는 분이라고 고백했습니다. 그런데 성령 하나님에 대한 고백은 당황스러울 만큼 간략합니다. "나는 성령을 믿으며" 뿐입니다.

신학자들 가운데는 사도신경의 나머지 고백인 9문장에서는 우리가 새로운 공동체에 속하여 교제하게 되고(교회론), 10문장에서는 죄를 용서받으며(구원론), 11문장에서는 몸이 다시 살아나고(종말론), 12문장은 영원히 살게 되는(종말론) 것도 결국은 성령의 역사라는 점에서 8문장부터 12문장까지를 성령에 대한 고백으로 설명하는 분도 있습니다.

(누구나 장소, 사건, 일에 대한 경험에 근거한 자기만의 견해가 있는 것처럼) 성령에 대한 논의에서 어려운 점은 교파나 사람마다 성령에 대한 체험적 인식이 다르다는 점입니다. 성령에 대한 신학 서적의 가르침은 비인격적 메마름이 느껴지고, 간증 서적은 보편성이 떨어집니다. 그러나 하나님에 대한 교회 공동체의 공적인 고백은 특별한 개인의 체험에 국한된 것을 일반화하고 보편화할 수는 없습니다. 교회의 공적 고백은 성경이 가르치는 사실에 근거해야 하고, 그리스도인이라면 누구나 보편적으로 경험되는 것에 기초한 고백이어야 합니다. 성령에 대한 공동체의 고백은 '개개인이 특별하게 경험한 성령'이 아니라 '성경이 가르치는 대로의 성령', '누구에게나 역사하는 성령'에 대한 고백이 먼저여야 합니다.

사도신경의 "성령을 믿는다"는 이 짧은 고백에 대해 하이델베르크 요리문답 53문은 이렇게 가르칩니다.

문: 성령에 대하여 당신은 무엇을 믿습니까?
답: 첫째로, 그는 성부와 성자가 함께 참되고 영원한 하나님이시라는 것이요, 둘째로, 그가 내게도 주신 바 되어 나로 하여금 참된 믿음으로 그리스도와 그의 모든 은덕^{blessings}에 참여하게 하시며, 나를 위로하시며 또한 영원토록 나와 함께 거하신다는 것입니다.

웨스트민스터 소요리문답 29문도 이렇게 가르칩니다.

문: 우리가 어떻게 그리스도께서 값 주고 사신 구속에 참여하는 자^{partakers}가
  됩니까?
답: 그리스도께서 값 주고 사신 구속에 참여하는 자가 되는 것은 그분의
  성령께서 우리에게 구속을 효력 있게 적용하심$^{the\ effectual\ application}$으로
  됩니다.

우리는 성령님이 하나님이심을 믿습니다

성령님은 아버지와 아들에 의해 이 세상으로 보냄 받은 하나님의 영이십니다. 하나님께서 때가 되면 하나님의 영을 이 땅 하나님의 백성에게 보내실 것이라고 구약에서부터 예언하셨습니다.

(겔 36:27) 또 내 영을 너희 속에 두어 너희로 내 율례를 행하게 하리니 너희가
  내 규례를 지켜 행할지라

이 여호와의 영은 '지혜와 총명의 영이요, 모략과 재능의 영이요, 지식과 여호와를 경외하는 영'이라고 이사야 선지자도 예언하였습니다.

(사 11:2) 그의 위에 여호와의 영 곧 지혜와 총명의 영이요 모략과 재능의 영이요
  지식과 여호와를 경외하는 영이 강림하시리니

하나님의 아들이신 그리스도께서 세례를 받으실 때 이 영이 예수님에게 임하셨습니다.

(눅 3:22) 성령이 비둘기 같은 형체로 그의 위에 강림하시더니 하늘로부터 소리

가 나기를 너는 내 사랑하는 아들이라 내가 너를 기뻐하노라 하시니라

예수님은 자신이 이 땅을 떠나신 이후에는 이 영을 제자들에게 보내시겠다고 약속하셨습니다.

(요 16:7) 그러나 내가 너희에게 실상을 말하노니 내가 떠나가는 것이 너희에게 유익이라 내가 떠나가지 아니하면 보혜사가 너희에게로 오시지 아니할 것이요 가면 내가 그를 너희에게로 보내리니

그리스도께서 약속하셨던 바로 그 성령이 오순절 절기에 모여 기도하는 그리스도 공동체에 보내졌습니다.

(행 2:4) 그들이 다 성령의 충만함을 받고 …

제자들은 승천하신 그리스도께서 약속대로 이 성령을 보내셨다는 것을 확실하게 알고 믿고 있었습니다.

(행 2:33) 하나님이 오른손으로 예수를 높이시매 그가 약속하신 성령을 아버지께 받아서 너희가 보고 듣는 이것을 부어 주셨느니라

성령님은 인격이십니다. 성경에서는 성령 하나님을 옷 입음,(눅 24:49) 비둘기,(요 1:32) 바람,(요 3:8) 물,(요 7:38-39) 불,(행 2:3) 기름,(고후 1:21) 담보,(고후 1:22) 도장(고후 1:22) 등으로 비유하기도 하지만, 성령 하나님은 비인격적인 힘^{energy}이나 능력^{power}이 아니라 인격이신 하나님 자신이십니다.

누구 혹은 무엇인가가 인격인지 아닌지를 결정할 때 그 기준은 지,^{知} 정,^{情} 의,^{意}의 유무로 결정할 수 있는데 성령님은 하나님의 깊은 것도 이해하시고,(고전 2:10) 자신만의 뜻을 가지고 계시며,(고전 12:11) 우리를 가르치시는(요 14:26) 인격이십니다. 그래서

성령님은 '그것'으로 지칭될 분이 아니라 '그분'이라는 인격으로 불려야 합니다.

(행 5:3) 베드로가 이르되 아나니아야 어찌하여 사탄이 네 마음에 가득하여 네가 성령을 속이고 땅값 얼마를 감추었느냐

성령님은 성부 하나님의 영인 동시에 성자 하나님이신 그리스도의 영이십니다. 영육이 구분되지 않은 하나님의 존재 양식에서 하나님의 영이란 것은 곧 성령님이 하나님이라는 뜻입니다.

(롬 8:9) 만일 너희 속에 하나님의 영이 거하시면 너희가 육신에 있지 아니하고 영에 있나니 누구든지 그리스도의 영이 없으면 그리스도의 사람이 아니라

거듭남의 증거인 세례도 성령 하나님이 함께하시는 삼위일체 하나님의 사역이고,

(마 28:19) 그러므로 너희는 가서 모든 민족을 제자로 삼아 아버지와 아들과 성령의 이름으로 세례를 베풀고

하나님의 자녀인 성도들을 향한 하나님의 축복 역시 성령 하나님이 역사하시는 삼위일체 하나님의 역사이고, 삼위일체 하나님의 이름으로 선포됩니다.

(고후 13:13) 주 예수 그리스도의 은혜와 하나님의 사랑과 성령의 교통하심이 너희 무리와 함께 있을지어다

이에 대해 벨기에 신앙고백서 11조는 이렇게 가르칩니다.

제11조 성령님은 참되고 영원한 하나님이시다.
우리는 또한 성령님께서 영원부터 성부와 성자로부터 나오신다$^{proceed\ from}$는 것을 믿고 고백합니다. 그분은 만들어지지도, 창조되지도, 태어나신 것도 아니라, 다만 성부

와 성자로부터 나오신다고 말할 수 있을 뿐입니다. 성령님께서는 순서^{order}에 있어서 삼위일체 가운데 제3위이시고, 본질^{essence}과 위엄^{magesty}과 영광에 있어서 성부, 성자와 동일하시고 하나이십니다. 따라서 성경이 우리에게 가르치는 바대로 성령님께서는 참되고 영원한 하나님이십니다.

우리는 (인류 구원을 위한) 성령님의 사역을 믿습니다

아버지와 아들에 의해 이 세상으로 보냄 받은 아버지와 아들의 영이신 성령 하나님이 하시는 일은 무엇일까요? 성령님이 하나님 아버지의 영이자 아들 그리스도의 영이라면 성령이 하시는 일은 하나님 아버지와 아들 그리스도가 하려는 일과 같아야 합니다. 하나님의 뜻과 일하심의 목적이 모든 사람이 구원받으며 진리를 아는 데에 이르는 것이라면 성령님의 사역도 그것이어야 합니다.

> (딤전 2:4) 하나님은 모든 사람이 구원을 받으며 진리를 아는 데에 이르기를 원하시느니라

그래서 성령님이 하시는 일과 사역은 우리를 진리 가운데로 인도하는 것입니다. 성령은 그 별명 자체가 "진리의 성령", 즉 진리로 인도하는 성령이십니다.

> (요 16:13) 그러나 진리의 성령이 오시면 그가 너희를 모든 진리 가운데로 인도하시리니 …

성령님이 우리를 진리 가운데로 인도하시는 방법은 그리스도께서 하신 말씀을 생각나고, 기억하고, 깨닫게 하고, 믿어지게 하는 것입니다. 이런 점에서 성령님은 우리의 교사이십니다.

(요 14:26) 보혜사 곧 아버지께서 내 이름으로 보내실 성령 그가 너희에게 모든 것을 가르치고 내가 너희에게 말한 모든 것을 생각나게 하리라

이 일을 위해 성령 하나님은 선택한 사람들을 통해 그리스도께서 하신 말씀과 사역을 글로 기록하게 하셨습니다. 성경 기록 자체가 성령님의 사역이자 우리를 위한 성령의 선물입니다. 성령님이 성경을 기록하게 하셨기 때문에 성령님은 성경을 무시하거나 벗어나서 일하지 않으십니다.

(벧후 1:21) 예언은 언제든지 사람의 뜻으로 낸 것이 아니요 오직 성령의 감동하심을 받은 사람들이 하나님께 받아 말한 것임이라

예수님의 가르침과 성경의 기록을 통해 성령님은 우리 인류가 죄로 인해 비참한 영적 처지 가운데 있음을 사람들에게 알게 하십니다.

(요 16:8) 그가 와서 죄에 대하여, 의에 대하여, 심판에 대하여 세상을 책망하시리라

'책망한다'는 단어의 본래 뜻은 '드러낸다'라는 의미입니다. 죄에 대한 각성과 죄의식은 깨닫고 싶다고 깨달아지는 것이 아닙니다. 성령님이 깨우쳐 주시고 직면하게 하실 때 사람들은 비로소 하나님 앞에서 자신의 죄를 자각하게 됩니다. 사람들은 자신의 영적 처지가 비참하다는 현실만 알 뿐 그렇게 된 실상과 이유를 깨닫지 못합니다. 이 상태를 일컬어 성경은 "허물과 죄로 죽었"다고 말하는 것입니다.

(엡 2:1) … 허물과 죄로 죽었던 너희 …

우리 인류는 누구에게 일부러 배운 것도 아닌데 하나님을 향한 적대감이 내면에 자리하고 있습니다.

(롬 8:7) 육신의 생각은 하나님과 원수가 되나니 이는 하나님의 법에 굴복하지 아니할 뿐 아니라 할 수도 없음이라

모든 사람이 악한 영에게 사로잡혀 있기 때문입니다.
(엡 2:2) 그 때에 너희는 그 가운데서 행하여 이 세상 풍조를 따르고 공중의 권세 잡은 자를 따랐으니 곧 지금 불순종의 아들들 가운데서 역사하는 영이라

그래서 사람들은 참되신 하나님을 찾지도 않고, 알아보지도 못합니다.
(롬 3:11) 깨닫는 자도 없고 하나님을 찾는 자도 없고

종교 안에서 신을 찾는다고 하더라도 그들이 찾는 하나님은 진짜 하나님이 아니라 나의 죄성을 만족시켜 주는 능력자 혹은 초월자를 찾고 있을 뿐입니다.
(요 6:26) 예수께서 대답하여 이르시되 내가 진실로 진실로 너희에게 이르노니 너희가 나를 찾는 것은 표적을 본 까닭이 아니요 떡을 먹고 배부른 까닭이로다

이 모든 삶의 결론은 불 보듯 뻔합니다. 죄로 인한 저주와 진노뿐입니다.
(엡 2:3) 전에는 우리도 다 그 가운데서 우리 육체의 욕심을 따라 지내며 육체와 마음의 원하는 것을 하여 다른 이들과 같이 본질상 진노의 자녀이었더니

성령님은 성부 하나님이 성자 그리스도를 통해 우리에게 행하신 일이자, 성자 그리스도께서 우리를 위해 행하신 일이 무엇인가를 우리에게 드러내어 깨닫게 하는 일을 하십니다.
(요 16:14) 그^{성령}가 내^{예수} 영광을 나타내리니 내 것을 가지고 너희에게 알리시겠음이라

우리는 성령님의 깨우치시는 사역을 통해 하나님께서 우리에게 주신 것이 무엇인지를 깨달을 수 있습니다.

(고전 2:12) 우리가 세상의 영을 받지 아니하고 오직 하나님으로부터 온 영을 받았으니 이는 우리로 하여금 하나님께서 우리에게 은혜로 주신 것들을 알게 하려 하심이라

이렇게 성령님께서 역사하심으로써 사람들은 그리스도가 주님이시라는 것을 알고 믿게 됩니다.

(고전 12:3) … 성령으로 아니하고는 누구든지 예수를 주시라 할 수 없느니라

그리고 하나님을 아버지라고 부르게 됩니다.

(갈 4:6) 너희가 아들이므로 하나님이 그 아들의 영을 우리 마음 가운데 보내사 아빠 아버지라 부르게 하셨느니라

보편적인 인류 문화와 본성에 반하는 이러한 변화는 성령님의 역사가 아니고서는 저절로 일어날 수 없는 일입니다. 이러한 성령 하나님의 사역을 두고 성령께서 우리에게 그리스도의 구속을 효력 있게 적용하신다^{the effectual application}고 표현하는 것입니다. 죄인 됨의 자각, 믿음으로 거듭남, 순종과 헌신의 일들은 인간 지혜나 설득력, 이해관계를 뛰어넘는 성령님의 역사입니다.

우리는 성령님의 내주^{內住}하심을 믿습니다

이런 성령님이 우리에게 보내져 우리 곁에, 우리 안에, 우리와 함께 거하시는 보혜사가 되어 주셨습니다. 보혜사란 '누군가를 돕도록 그 곁으로 보냄 받

은 존재'라는 뜻의 헬라어 '파라클레토스'^{παράκλητος}를 은혜^{恩}로 지키고 돕는^{保} 스승^{師}이라는 뜻의 한자어로 번역한 것입니다.

(요 14:16~17) 16 … 그가 또 다른 보혜사를 너희에게 주사 영원토록 너희와 함께 있게 하리니 17 … 그는 너희와 함께 거하심이요 또 너희 속에 계시겠음이라

우리 안에 거하시는 보혜사 성령님이 우리가 구원받은 하나님의 자녀인 것을 인증하십니다. 하나님께서는 하나님의 소유, 하나님의 자녀라는 도장을 찍을 때 성령으로 도장 찍으십니다.

(롬 8:16) 성령이 친히 우리의 영과 더불어 우리가 하나님의 자녀인 것을 증언하시나니

우리 안에 거하시는 보혜사 성령님이 우리가 영생의 상속자인 것을 증언하십니다.

(딛 3:6~7) 6 우리 구주 예수 그리스도로 말미암아 우리에게 그 성령을 풍성히 부어 주사 7 우리로 그의 은혜를 힘입어 의롭다 하심을 얻어 영생의 소망을 따라 상속자가 되게 하려 하심이라

우리 안에 거하시는 보혜사 성령님이 우리가 구원받은 거룩한 백성인 것을 인증하십니다.

(고후 1:22) 그가 또한 우리에게 인치시고 보증으로 우리 마음에 성령을 주셨느니라

우리 안에 거하시는 보혜사 성령님은 우리가 부활하게 될 것을 보증하십니다. 성경은 상인들의 거래에서 사용되던 보증금,^{deposit} 계약금, 징표를 뜻하는 단어로 성령을 표현합니다. 성령은 구원에 관한 계약금이기 때문에 완전한 구

원이 주어질 것을 기대할 수 있습니다.

(고후 5:5) 곧 이것을 우리에게 이루게 하시고 보증으로 성령을 우리에게 주신 이는 하나님이시니라

우리 안에 거하시는 보혜사 성령님이 우리의 연약함을 도우시며 우리를 위해 기도하십니다.

(롬 8:26) 이와 같이 성령도 우리의 연약함을 도우시나니 우리는 마땅히 기도할 바를 알지 못하나 오직 성령이 말할 수 없는 탄식으로 우리를 위하여 친히 간구하시느니라

우리는 하나님의 뜻을 알지 못하지만, 우리 안에 거하시는 보혜사 성령님이 우리를 위해 하나님의 뜻대로 기도하십니다.

(롬 8:27) 마음을 살피시는 이가 성령의 생각을 아시나니 이는 성령이 하나님의 뜻대로 성도를 위하여 간구하심이니라

우리는 (성령님 사역의 결과로) 우리 안에 성령의 열매가 맺힐 것을 믿습니다

이제 우리는 성령이 누구이며, 그가 하시는 일이 무엇이며, 그분이 우리 안에서 어떻게 거하고 계심을 알았습니다.

또한 우리는 보혜사 성령님을 통해서만 죄악 된 자연인의 삶이 아니라, 하나님의 백성 된 그리스도인다운 삶을 살아갈 수 있다는 것도 알게 되었습니다. 그러므로 우리는 이제 성령님을 믿고 고백할 뿐 아니라, 성령 하나님을 따

라 행하는 삶의 양식을 추구해야 합니다.

(갈 5:16) 내가 이르노니 너희는 성령을 따라 행하라 그리하면 육체의 욕심을 이루지 아니하리라

우리는 의도적으로 성령의 충만함을 사모하고, 간구하고, 추구해야 합니다.

(엡 5:18) 술 취하지 말라 이는 방탕한 것이니 오직 성령으로 충만함을 받으라

성령님을 따르는 삶과 그렇지 못한 삶의 결과가 다르다는 것을 배워 분명히 알게 되었기 때문입니다.

(롬 8:6) 육신의 생각은 사망이요 영의 생각은 생명과 평안이니라

그리스도인은 죽음을 향하는 길이 아니라 생명을 향하는 길을 따라 살아야 합니다. 선택의 자유와 의지의 자유를 사용하여 하나님의 영광과 교회의 유익 그리고 (죄성이 아니라) 영성, 말씀에 대한 순종의 삶을 추구해야 합니다.

성경은 사탄과 악한 영들도 초자연적인 능력을 행할 수 있다는 가능성을 열어두고 있습니다. 그러므로 초자연적 기적만을 영적인 증거로 따르다가는 귀신을 따르면서도 하나님을 섬기는 줄 알게 될 위험성이 있습니다.

(살후 2:9) 악한 자의 나타남은 사탄의 활동을 따라 모든 능력과 표적과 거짓 기적과

성령의 역사는 기적을 행하는 일이 본업이 아니라 예수를 증언하는 일이 본업입니다. 우리가 경험하는 놀라운 기적의 일이 성령의 역사인지, 귀신의 역사인지를 구분하는 확실한 기준은 '그 모든 일을 통해 그리스도가 증거되고 있는가?' 하는 것입니다. 예수를 증언하는 일이 없이 초자연적 능력만 나타난다

면 그것은 성령의 역사가 아닐 수 있고, 초자연적 기적이 없더라도 예수를 알게 하고, 믿게 하고, 말씀을 깨닫게 하는 일이 있다면 그것은 성령님이 역사하시는 결과입니다.

> (요 15:26) 내가 아버지께로부터 너희에게 보낼 보혜사 곧 아버지께로부터 나오시는 진리의 성령이 오실 때에 그가 나를 증언하실 것이요

우리가 (성령님을 외면하고) 본성을 따라 살아갈 때 삶과 인격이라는 나무에 맺히는 열매들이 있습니다. 이것은 육체의 일, 육체에 속한 사람들의 삶의 열매들입니다.

> (갈 5:19~21) 19 육체의 일은 분명하니 곧 음행과 더러운 것과 호색과 20 우상 숭배와 주술과 원수 맺는 것과 분쟁과 시기와 분 냄과 당 짓는 것과 분열함과 이단과 21 투기와 술 취함과 방탕함과 또 그와 같은 것들이라 …

반면, 성령을 모시고, 성령과 더불어 살며, 성령의 인도하심을 받으며, 성령의 충만함을 추구하는 삶에서 맺히는 열매들이 있습니다.

> (갈 5:22~23) 22 오직 성령의 열매는 사랑과 희락과 화평과 오래 참음과 자비와 양선과 충성과 23 온유와 절제니 이같은 것을 금지할 법이 없느니라

예수 믿고 오랜 시간이 흘러도 인격적인 성령의 열매는 드물고 본성적인 죄성의 열매가 많이 맺히고 있다면 그 사람은 성령님을 모시지 않았거나, 성령님을 따르기를 힘쓰지 않은 결과입니다. 살다 보면 영적으로 잠시 게을러져서 어쩌다가 잡풀이 돋아날 수는 있겠지만, 삶의 나무에 성령의 열매는 없고 육체의 열매만 가득하다고 한다면 그를 일컬어 성령의 사람이라고 말할 수 없는 것입니다.

타고난 대로, 생긴 대로, 마음 끌리는 대로, 생각나는 대로, 세상 사람이 사는 대로 살지 않고 말씀대로 살아갈 수 있는 힘은 오직 성령으로 말미암습니다. 그래서 우리는 의도적으로 성령을 따르며 몸의 행실을 극복해야 합니다.

(롬 8:13) 너희가 육신대로 살면 반드시 죽을 것이로되 영으로써 몸의 행실을 죽이면 살리니

항상 잘하지는 못할 것입니다. 그러나 삶의 경향성傾向性과 지향성志向性은 확고해야 합니다. 하나님의 뜻을 따르고, 성령을 따르고, 그리스도를 본받고자 하는 지향성과 그러한 삶의 경향성이 생겨났다는 것이 그가 거듭난 사람이라는 증거입니다. 그 경향성과 지향성이 높아지는 것이 성숙이고 성장입니다.

성령으로 인도받는 사람들에게서는 삶의 태도나 인격의 열매만이 아니라 성령께서 행하시는 사역의 방향성을 따라 사는 특징도 나타나는데 그것은 한 사람의 교회로써 한 영혼의 교회를 세워나가는 사명입니다.

(행 1:8) 오직 성령이 너희에게 임하시면 너희가 권능을 받고 예루살렘과 온 유대와 사마리아와 땅끝까지 이르러 내 증인이 되리라 하시니라

증인으로 예수를 증거한 이후에 해야 할 일은 그들이 예수를 따르는 제자가 되게 하는 것입니다. 예수님 다시 오실 때까지 우리가 해야 할 일, 주님이 항상 함께 하시는 일이 바로 이 예수 제자 공동체를 세워가고 지켜가는 것입니다.

(마 28:19~20) 19 그러므로 너희는 가서 모든 민족을 제자로 삼아 아버지와 아들과 성령의 이름으로 세례를 베풀고 20 내가 너희에게 분부한 모든 것을 가르쳐 지키게 하라 볼지어다 내가 세상 끝 날까지 너희와 항상 함께 있으리라 하시니라

이것이 하나님의 뜻이기 때문에 성령 하나님께서는 복음으로 세워진 공동

체를 섬기라고 필요한 은사들도 공급하십니다. 교회 공동체를 섬기라고 은사를 공급하시는 성령님의 역사를 통해 우리는 교회 공동체를 섬기는 것이 하나님의 뜻이라는 것을 알 수 있습니다. 성령 하나님의 사역이 교회에 국한된다고 말할 수는 없지만 성령 하나님은 교회를 제외하고 일하시지는 않습니다.

> (고전 12:4~7) 4 은사는 여러 가지나 성령은 같고 5 직분은 여러 가지나 주는 같으며 6 또 사역은 여러 가지나 모든 것을 모든 사람 가운데서 이루시는 하나님은 같으니 7 각 사람에게 성령을 나타내심은 유익하게 하려 하심이라

그리스도인은 무엇을 믿는 사람들입니까? 우리는 성령님이 아버지 하나님과 아들 그리스도의 영이심을 믿습니다. 우리는 성령님이 하나님이심을 믿습니다. 우리는 성령님이 우리를 위한 보혜사의 사역을 행하고 계심을 믿습니다. 우리는 성령님이 우리 안에 거하고 계심을 믿습니다.

> 우리는 성령님을 구하고 따르며 순종하는 삶을 통해
> 인격에는 성령의 열매가 맺히고
> 사역에는 하나님의 뜻이 이루어질 것을 믿습니다

첫째, 아버지 하나님과 성자 그리스도께서 성령을 보내셨습니다. 우리 편에서 보자면 그것은 우리 각자가 개별적으로 하나님으로부터 자격 없음에도 "받은" 것입니다. 우리에게 성령을 주심은 선물입니다.

둘째, 이 세상에서는 귀신에 접신하는 것, 온갖 잡귀신의 신내림 받는 것도 일생의 사건인데 우리에게는 하나님의 영이 임하셨습니다. 속된 표현으로 우리는 신내림 받고 접신 받은 것입니다. 잡귀신이 아니라 하나님의 영이 오셨

습니다. 세상의 어떤 귀신이 우리를 무서워하지 않겠습니까? 우리가 귀신을 무서워할 것이 아니라 귀신이 우리를 무서워합니다. 속지 마십시오. 우리에게 성령 주심은 은혜의 사건입니다.

셋째, 거룩하신 하나님의 영은 우리를 떠나지 않으십니다. 우리가 거룩하지 않은 삶을 사는 그 순간에도 우리를 보시고 슬퍼하시고 탄식하기는 하셔도 떠나지 않으십니다. 얼마나 감사한 일입니까?

우리에게 성령 주심은 은혜입니다. 오순절 성령 강림과 마찬가지로 우리 안에 성령이 오심도 선물입니다! 사건입니다! 은혜입니다!

성령의 은혜 안에서 성령을 고백하며, 성령을 사모하며, 성령을 따르며, 성령의 열매를 맺으며 살아가기를 바랍니다.

Chapter 10

교회는 하나님의 백성 공동체의 거룩한 교제임을 믿습니다

에베소서 2장 19~22절
그러므로 이제부터 너희는 외인도 아니요 나그네도 아니요
오직 성도들과 동일한 시민이요 하나님의 권속이라
너희는 사도들과 선지자들의 터 위에 세우심을 입은 자라
그리스도 예수께서 친히 모퉁잇돌이 되셨느니라
그의 안에서 건물마다 서로 연결하여 주 안에서 성전이 되어 가고
너희도 성령 안에서 하나님이 거하실 처소가 되기 위하여
그리스도 예수 안에서 함께 지어져 가느니라

교회는 하나님의 백성 공동체의 거룩한 교제임을 믿습니다

사도신경 9문장은 교회에 관한 고백을 내용으로 합니다. 옛 번역은 "거룩한 공회와 성도가 서로 교통하는 것과"이고, 새 번역은 "거룩한 공교회와 성도의 교제와"입니다.

내가 태어나 자라고 경험한 가정이 내 삶의 아픔이 된다고 하여 이 땅에서의 가정은 불필요한 것 혹은 사라져야 하는 것이라고 말할 수는 없습니다. 오히려 우리 각자가 건강하고 행복한 가정을 꾸려가기 위해 더 힘쓰고 노력하는 것이 마땅합니다. 가정은 인류의 생존을 이어가는 유일하고 보편적인 통로이기 때문입니다.

교회도 그러합니다. 이상적으로 보자면 교회는 천국의 모형으로써 천사 같은 사람들의 모임이어야 하지만, 현실적인 교회는 예수를 믿는다고 하지만 여전히 죄성을 벗어나지 못한 사람들의 모임입니다. 그래서 우리의 기대를 충족시키지 못하는 그런 교회라고 한다면 불필요하다고 말하는 분들도 있습니다. 하지만 우리는 압니다. 그렇게 부족한 교회에서도 누군가는 하나님을 만나고 있고, 누군가는 버거운 삶을 견뎌낼 힘을 얻기도 합니다. 그래서 우리는 교회 공동체를 비난하기 전에 우리 자신이 더욱 온전한 성도가 되도록 힘써야 합니다. 교회는 그리스도를 증거하여 세상을 구원하는 하나님의 유일한 방법과 통로이기 때문입니다.

교회

사도신경의 8문장, 성령에 대한 고백을 다룬 내용에서 예수님을 하나님의 아들, 그리스도, 주님으로 믿고 고백하는 사람에게 성령이 '선물'로, '사건'으로, '은혜'로 주어졌다고 했습니다. 그 성령님께서 우리 안에 거하심으로 우리는 하나님의 자녀, 하나님의 백성, 생명으로 부활하여 하늘나라를 상속받을 사람인 것을 확인받게 된다는 것이 성경의 가르침입니다.

이런 일은 인식하기 힘든 '영적인 일'인 동시에 각 개인의 내면에서 일어나는 '사적인 일'입니다. 그러나 아버지 하나님, 성자 예수님, 성령 하나님의 관점에서 보자면 그들 모두가 하나님의 자녀이고, 하나님의 백성이고, 하늘을 상속받을 천국 시민이 되었다는 점에서 '실제적인 일'이고, 지상의 모든 그리스도인을 "교회"라는 하나의 용어로 부르게 되는 '공적인 일'이기도 합니다.

물론 사람의 내면을 알지 못하는 우리로서는 현실 교회 공동체에 속한 구성원 전부가 '거듭난 하나님의 백성'이라고 말하거나 '눈에 보이는 조직된 교회'를 '거룩한 공회'라고 스스럼없이 말할 수는 없습니다. 보이는 교회 공동체에 속한 사람이 반드시 보이지 않는 교회에 속해 있다고는 말할 수 없기 때문입니다. 그래서 어거스틴은 현실 교회를 두고 "혼합된 몸"$^{corpus\ permixtus}$이라고 부르기도 했습니다.

신약성경에서 교회를 지칭하는 에클레시아^{ἐκκλησια}라는 단어는 건물이나 조직을 칭하는 용어가 아니라, 밖으로^{ἐκ}와 부르다^{καλεω}의 합성어로써 '사람들의 무리'를 칭하는 단어였습니다. 성경에서 교회를 가리키는 히브리어 단어 '카할'$^{קהל,\ 부름받은}$이나, 헬라어 단어 '쉬나고게'$^{συναγωγη,\ 모이는\ 곳}$도 같은 의미를 담고 있습니다.

성경적으로 볼 때 교회 공동체는 세상으로부터 불러냄을 받고 '그리스도의 구속' 안으로, '하나님의 은혜' 안으로 들어간 사람들입니다. 교회는 하나님께서 세상에서 택하시고 어둠에서 불러내어 빛으로 들어가게 하신 하나님의 백성입니다.

> (벧전 2:9) 그러나 너희는 택하신 족속이요 왕 같은 제사장들이요 거룩한 나라요 그의 소유가 된 백성이니 이는 너희를 어두운 데서 불러 내어 그의 기이한 빛에 들어가게 하신 이의 아름다운 덕을 선포하게 하심이라

교회는 그리스도 안에서 거룩한 공교회임을 믿습니다

어떤 분들은 '교회를 믿는다'는 신앙고백을 보면서 '교회 자체가 믿음의 대상이 될 수 있는가?'하고 의아하게 생각하실 수도 있습니다. 그러나 사도신경

에서의 이 고백은 '거룩한 공교회로써 본질과 사명을 가진 하나님의 공동체가 세상 안에 존재한다는 것을 믿는다'라는 의미로 받아야 합니다.

우리는 그리스도에 대한 베드로의 고백을 우리의 고백으로 받아들입니다.
(마 16:16) … 주는 그리스도시요 살아 계신 하나님의 아들이시니이다

이 고백을 통해 우리는 그리스도께서 세우신 우주적이고 거룩한 공교회의 일원으로 참여하게 됩니다.
(마 16:18) 또 내가 네게 이르노니 너는 베드로라 내가 이 반석 위에 내 교회를 세우리니 …

사도신경에서 고백하는 "공교회"公敎會, The holy catholic Church는 로마 가톨릭교회를 일컫는 말이 아니라 '역사상 존재했고, 존재하고 있으며, 존재하게 될 모든 그리스도 공동체'를 일컫는 말입니다.

공교회라는 용어 안에는 "교회는 하나"라는 의미가 포함되어 있습니다. 교회가 하나라고 하면 '기독교 안에 교파가 얼마나 많은데 하나라고 하지?'라고 궁금해하실 분도 계실 것입니다. 그러나 인류 안에 다양한 인종과 수많은 부족, 흥망성쇠興亡盛衰한 국가가 있었어도 '인류'는 하나인 것처럼 역사상 다양한 교회 공동체가 존재해 왔지만, 예수 그리스도 한 분에 대한 고백의 토대 위에 세워진 교회는 본질적으로 하나입니다.
(갈 3:28) 너희는 유대인이나 헬라인이나 종이나 자유인이나 남자나 여자나 다 그리스도 예수 안에서 하나이니라

하나님의 백성인 예수님의 교회 공동체는 하나님의 아들이신 예수님이 유

일한 그리스도이시라는 진리 위에 한 성령의 부르심 안에서 한 분 하나님의 자녀가 된 사람들입니다. 교회는 그리스도 안에서 하나이고 사도들이 전해 준 신앙의 가르침 안에서 하나입니다. 교회의 공교회성과 하나 됨은 제도적 일치를 통해서가 아니라 그리스도에 대한 신앙고백의 일치로 지켜집니다.

> (엡 4:4~6) 4 몸이 하나요 성령도 한 분이시니 이와 같이 너희가 부르심의 한 소망 안에서 부르심을 받았느니라 5 주도 한 분이시요 믿음도 하나요 세례도 하나요 6 하나님도 한 분이시니 곧 만유의 아버지시라 만유 위에 계시고 만유를 통일하시고 만유 가운데 계시도다

공교회라는 용어 안에는 "교회는 거룩하다"라는 의미도 포함되어 있습니다. 하나님께서는 이스라엘 백성에게 거룩함을 명령하셨고,

> (레 11:45) 나는 너희의 하나님이 되려고 너희를 애굽 땅에서 인도하여 낸 여호와라 내가 거룩하니 너희도 거룩할지어다

예수님께서도 요한복음 17장 대제사장의 기도에서 교회의 거룩함을 위해 기도하셨습니다.

> (요 17:17) 그들을 진리로 거룩하게 하옵소서 아버지의 말씀은 진리니이다

교회의 거룩은 내 힘으로 이룩한 윤리적 거룩함보다 그리스도의 사역으로 말미암아 부여받은 은혜의 거룩, 신학적 거룩함이 먼저입니다.

> (고전 1:2) 고린도에 있는 하나님의 교회 곧 그리스도 예수 안에서 거룩하여지고 성도라 부르심을 받은 자들 …

교회를 거룩하다고 말할 수 있는 것은 교회 구성원의 윤리 수준 때문이 아니라 '하나님께서' 교회를 부르셨다는 사실, '거룩을 위하여' 교회를 부르셨다

는 사실, '그리스도 안에서 이미 교회를 거룩하게 하셨다'는 사실 때문입니다.

(엡 5:26~27) 26 이는 곧 물로 씻어 말씀으로 깨끗하게 하사 거룩하게 하시고 27 자기 앞에 영광스러운 교회로 세우사 티나 주름 잡힌 것이나 이런 것들이 없이 거룩하고 흠이 없게 하려 하심이라

엄밀하게 말하자면 '거룩'과 '흠이 없음'은 피조물 안에는 존재하지 않는 속성입니다. 그래서 현실적으로는 많은 사람이 교회 다니는 사람에게서 윤리적 거룩함을 찾다가 그렇지 못한 모습에 실망하여 교회를 떠나거나 비난하기도 합니다.

원래 우리 안에 없는 거룩함을 부여받은 교회가 거룩함을 실현해 가는 방법은 다음과 같습니다.[16] 사도적 가르침에 충실하여 하나님의 말씀을 잘 받고 그 진리를 수호/변증/선포하는 것, 성령님으로 말미암아 교회의 각 지체가 성숙하여 성화를 이루어가는 것, 성도들이 교회의 거룩함을 잘 실현해 가도록 서로 격려하고 도와주는 것입니다.

그리스도 안에서 이루어진 '신학적 거룩'은 '실현된 거룩'이고, 성령 안에서 추구해야 할 '윤리적 거룩'은 '실현해 가야 할 거룩'입니다. 세상과 구별되는 교회의 거룩함, 실현해 가야 할 거룩함은 '영적 분별력의 성장'으로 나타나야 합니다. 원래 우리 본연의 것이 아닌 성령 안에서 주어지는 지혜와 분별력으로 어린아이의 상태를 벗어나 거짓 교훈에 흔들리지 않는 삶을 사는 것이 거룩함이고 영적 성장입니다.

(엡 4:14) 이는 우리가 이제부터 어린아이가 되지 아니하여 사람의 속임수와 간사한 유혹에 빠져 온갖 교훈의 풍조에 밀려 요동하지 않게 하려 함이라

---

16. 이승구, 사도신경, pp.302-303

'신학적, 선언적 거룩'이 '윤리적, 실천적 거룩'으로 나타나야 할 곳은 일상의 삶입니다. 이 거룩함을 위해 서로 격려하고 도와주는 것이 교회 공동체의 거룩함입니다. 이러한 삶의 방향성 안에서 교회 공동체는 함께 성장해 가야 합니다.

공교회라는 용어 안에는 "교회는 보편적이다"라는 의미가 포함되어 있습니다. 삼위일체 하나님에 대한 하나의 고백 위에 한 분 그리스도와 연합하며 한 성령님 안에서 증거되는 교회는 하나인 동시에 보편적입니다.

> (골 3:11) 거기에는 헬라인이나 유대인이나 할례파나 무할례파나 야만인이나 스구디아인이나 종이나 자유인이 차별이 있을 수 없나니 오직 그리스도는 만유시요 만유 안에 계시니라

'보편적'[소, catholic]이라는 말은 헬라어 '카톨리코스'[καθολικός]라는 단어를 번역한 것으로써(제도적 로마 가톨릭교회를 일컫는 말이 아니라) '시간과 공간에 있어서의 보편성을 가지고 있다'는 의미입니다. 그리스도에 대한 신앙을 표현하고 살아내는 모습은 시대와 지역마다 조금씩의 차이는 있겠지만 지금 우리가 믿고 있는 예수님은 1세기 교회가 믿었던 바로 그 예수님이십니다. 우리의 신앙은 시대와 지역을 뛰어넘어서 보편적입니다. 이 역사적 보편성을 잃어버릴 때 이단이라 부르는 것입니다.

공교회라는 용어 안에는 "교회는 사도적이다"라는 의미가 포함되어 있습니다. 앞서 언급한 바와 같이 교회는 초대교회 사도들의 신앙을 따르는 '보편성' 안에 존재합니다.

> (행 2:42) 그들이 사도의 가르침을 받아 …

오늘날의 교회는 사도들이 전해 준 신앙을 우리의 신앙으로 받고 사도들에게 위임되었던 대사명을 우리의 사명으로 받는다는 점에서 '사도적'입니다. 우리는 사도들이 붙들고 살았던 '믿음의 도'를 우리의 것으로 받은 사람들입니다.

> (유 1:3) 사랑하는 자들아 우리가 일반으로 받은 구원에 관하여 내가 너희에게 편지하려는 생각이 간절하던 차에 성도에게 단번에 주신 믿음의 도를 위하여 힘써 싸우라는 편지로 너희를 권하여야 할 필요를 느꼈노니

우리가 믿는 하나의, 거룩한, 보편적인, 사도적 신앙의 핵심을 종교개혁자들은 종교개혁의 5대 정신을 "다섯 가지 오직"$^{Five\ Solas}$으로 표현했습니다.

① **Sola Scriptura**: 우리는 **오직 성경**만이 구원과 행위의 유일한 법칙임을 믿습니다.
② **Solus Christus**: 우리는 **오직 그리스도**를 통해서만 구원받음을 믿습니다.
③ **Sola Gratia**: 우리는 **오직 하나님의 은혜**로만 구원받음을 믿습니다.
④ **Sola Fide**: 우리는 **오직 믿음**으로만 의롭게 됨을 믿습니다.
⑤ **Soli Deo Gloria**: 우리의 **오직 하나님의 영광**을 존재 이유와 목적으로 삼습니다.

우리는 신앙에 관하여 이러한 본질적인 원형의 가르침$^{Ad\ Fontes}$을 따르는 그리스도인, 지켜가는 교회 공동체가 되어야 합니다.

하이델베르크 요리문답 54문은 "교회"에 대하여 이렇게 가르칩니다.

> 문: "거룩하고 보편적인 교회"에 관하여 당신은 무엇을 믿습니까?
> 답: 나는 하나님의 아들이 창세로부터 세상 끝 날까지 참된 믿음 속에서 일치하여 영생을 얻도록 온 인류 가운데서 택하신 교회를 그의 성령과

말씀으로 말미암아 그에게로 모으시고 보호하시고 보존하신다는 것과 또한 내가 그 교회의 살아 있는 지체이며 영원토록 지체로 있을 것입니다.

교회는 거룩한 성도의 교제임을 믿습니다

하나님은 삼위일체라는 신비한 연합의 관계와 교제 안에서 존재하십니다.
(요 17:5) 아버지여 창세 전에 내가 아버지와 함께 가졌던 영화로써 지금도 아버지와 함께 나를 영화롭게 하옵소서

성령 안에서 우리를 그리스도와 연합하게 하시고 그리스도 안에 있는 우리를 서로 연합하여 교제하게 하시는데 이러한 교제가 가능해지려면 먼저 각자가 그리스도와 교제 관계 안에 있어야 합니다.
(고전 1:9) 너희를 불러 그의 아들 예수 그리스도 우리 주와 더불어 교제하게 하시는 하나님은 미쁘시도다

교회는 거룩한 하나님을 창조주로 예배하는 동시에 그 하나님을 우리 모두의 아버지로 모시며 그분의 자녀로서 거룩한 교제를 나누는 무리입니다. 이러한 목적의 만남을 일컬어 교제^{communion} 혹은 친교^{fellowship}를 의미하는 '코이노니아'^{κοινωνία}라고 합니다.

성도의 교제는 말씀과 성령 안에서의 지,^{知} 정,^{情} 의^{意}를 공유하면서 그 결과 배움,^{知} 깨달음과 감동,^{情} 결단^{意}이 일어나는 상호작용입니다.

성도의 교제는 그리스도로 인하여 아버지 안에서 누리는 은혜의 나눔이며,

(요일 1:3) 우리가 보고 들은 바를 너희에게도 전함은 너희로 우리와 사귐이 있게 하려 함이니 우리의 사귐은 아버지와 그의 아들 예수 그리스도와 더불어 누림이라

그리스도 안에서 거룩의 삶을 서로 격려하는 것입니다.

(히 3:13) 오직 오늘이라 일컫는 동안에 매일 피차 권면하여 너희 중에 누구든지 죄의 유혹으로 완고하게 되지 않도록 하라

성도의 교제는 거듭나지 못한 세상의 모습을 있는 그대로 나누는 것이 아니라 거룩함으로 부름받은 그 자리에서, 거룩하신 하나님 앞에서 거룩함을 추구하는 삶을 사는 사람들이 거룩을 서로 격려하는 교제입니다.

(히 10:24~25) 24 서로 돌아보아 사랑과 선행을 격려하며 25 모이기를 폐하는 어떤 사람들의 습관과 같이 하지 말고 오직 권하여 그날이 가까움을 볼수록 더욱 그리하자

성도를 위해 가진 재능(봉사)이나 물질(헌금)을 나누는 것도 성도 교제의 한 부분입니다.

(행 2:45) 또 재산과 소유를 팔아 각 사람의 필요를 따라 나눠 주며

성도의 교제에는 설교 말씀의 나눔, 세례의 증인됨, 성찬을 통한 교제가 반드시 필요합니다. 성경 말씀이라는 큰 카테고리 안에서 같은 주제의 설교를 들음으로 그 말씀의 은혜를 함께 누리고 그 감동과 결단을 나누는 것은 성도의 교제에 핵심적인 부분입니다. 그리고 누군가의 세례에 증인으로 참여하는 것, 증인이 되어주는 것 역시 결혼 축하나 조문을 가는 것과 같은 성도의 깊은 교제입니다. 한 지역 교회 공동체 안에서 그리스도를 기념하면서 우리가 한

몸인 것을 상징하는 성찬을 함께 나눈다는 것은 식구, 가족, 식솔, 권속 됨에 대한 가장 분명한 표현입니다. 하나님의 백성 공동체는 하나님의 말씀을 나누고, 성찬을 나누고, 신앙을 나누고, 고백을 나누고, 은사를 나누고, 물질을 나누고, 사랑을 나눔으로써 교회로 존재합니다.

하이델베르크 요리문답 55문은 "성도의 교제"에 대하여 이렇게 가르칩니다.

문: 당신은 "성도의 교제"를 어떻게 이해합니까?
답: 첫째, 모든 신자를 개개인이 그리스도의 지체들^{members of this community}로서 그리스도와 그의 모든 보화^{treasures}와 은사들^{gifts}에 참여하는 자들이라는 것입니다. 둘째, 각 신자는 다른 지체들의 유익^{service}과 구원(부요함^{enrichment})을 위하여 자신의 은사를 기꺼이^{readily} 기쁨으로^{cheerfully} 사용할 의무가 있습니다.

웨스트민스터 신앙고백서 제26장은 "성도의 교제"에 관하여^{Of the Communion of the Saints} 이렇게 가르칩니다.

1절. 그리스도의 영과 믿음으로 말미암아 그들의 머리이신 예수 그리스도와 연합되어 있는 모든 성도들은 그분의 은혜와 고난과 죽음과 부활과 영광 안에서 그분과 교제한다. 그리고 사랑 안에서 서로 연합되어 있어서 각자의 은사와 은혜 안에서 교제하며, 공적으로나 사적으로, 속사람과 겉 사람으로도 상호 유익에 도움이 되기 위해서 서로의 의무를 수행해야 한다.

2절. 공적인 신앙고백을 통해 성도가 된 자들은 하나님을 예배하고, 상호간의 건덕^{edification}을 세우기 위해 신령한 봉사를 하며, 또한 각자의 능력과 필요에 따라 서로

간에 물질적인 짐들을 덜어줌으로써 거룩한 친교와 교제를 유지해야 한다. 이같은 교제는 하나님께서 기회를 주시는 대로 어디에서나 주 예수의 이름을 부르는 모든 자들에게까지 확장되어야 한다.

우리가 그리스도에게 속하면 그리스도에게 일어난 모든 일의 효력이 우리에게 미칩니다. 신학은 이것을 '신비한 연합'이라고 말합니다. 그리스도와 맺은 이 신비한 연합 안에서 그리스도로 말미암은 은혜를 그리스도에 관한 보배로운 믿음을 동일하게 가지고 그리스도로 말미암은 구원의 복에 참여한 다른 성도들과 공유하고 그리스도 안에서의 하나됨을 가꾸어가는 것을 '성도의 교제'라고 말합니다.

교회 전통 속에서 형성된 사도신경의 고백은 신앙이 혼자만의 내면의 확신이 아니라는 것을 알려 줍니다. 신앙이 관계이듯이 교회는 교제입니다. 하나님과의 관계 회복에서 시작된 신앙은 사람들과의 관계 회복으로 이어져야 합니다. 하나님과의 교제 회복으로 시작된 신앙은 사람들과의 교제 회복으로 이어져야 합니다.

우리는 반드시 교회 공동체에 속해야 합니다. 벨기에 신앙고백서 제28조에서는 "교회에 가입해야 할 모든 사람의 의무"에 대하여 이렇게 가르칩니다.

우리는 이 거룩한 모임과 회중은 구속받은 자들의 모임이며, 이 모임 밖에는 구원이 없기 때문에, 신분이나 지위를 막론하고 누구도 이 모임에서 물러나 혼자 있는 것에 만족해서는content 안된다고 믿습니다. 오히려 모든 사람은 교회에 가입하고 교회와 연합해야 할 의무가 있으며, 교회의 일치를 유지해야 합니다. 그들은 자기 자신을 교회의 가르침과 권징에 복종시켜야 하고, 자신의 목을 예수 그리스도의 멍에 아래

숙여야 하며, 동일한 몸의 지체로서 하나님께서 그들에게 주신 재능에 따라 형제자매들을 세우기 위해 봉사해야 합니다.

이것이 좀 더 효과적이기 위해 하나님의 말씀을 따라 그 교회에 속하지 않는 자들에게서 분리하여 하나님이 세우신 곳이면 어디서든지 이 모임에 가입하는 것이 모든 신자의 의무입니다. 설령 지배자들과 왕의 칙령이 그 의무에 반대될지라도 죽음이나 육체적 형벌이 따른다고 할지라도 모든 신자들은 그렇게 해야 합니다. 그러므로 교회로부터 떨어져 나오거나 그 교회에 가입하지 않는 자는 모두 하나님의 규례를 거슬러 행하는 것입니다.

물론, 현실적으로 보자면 성도의 교제란 죄인들의 교제일 뿐입니다. 그러나 교회 공동체는 세상과는 다른 이유를 가지고 세상과는 다른 삶의 방향성을 추구하도록 같은 목적으로 부름을 받았다는 사실 위에서 그러한 삶을 서로 지지하고 지원한다는 점에서 거룩한 교제를 나누어야 합니다.

이해^{知}를 나누어야 합니다.
_ 혼자만의 오해를 넘어 올바른 신앙 지식을 가질 수 있습니다.

마음^{情}을 나누어야 합니다.
_ 이해와 공감 안에서 우리는 힘을 얻을 것입니다.

결단^{意}을 나누어야 합니다.
_ 지지와 도움 안에서 우리는 성장해 갈 것입니다.

소유^{物}를 나누어야 합니다.

_ 하나님의 은혜의 통로가 될 것입니다.

우리는 성도의 교제인 교회 공동체에 속하여 신앙생활하는 동안 자신이 원하고 추구하는 기대를 잣대로 다른 그리스도인들을 정죄하고, 비난하고, 배척하려는 성향에 대해서도 주의해야 합니다. 내가 원하는 교회 공동체를 추구하고 만들려고 주도하지 말고 부족함 가운데 존재하는 교회 공동체를 있는 그대로 받아 사랑하고 섬겨야 합니다.

디트리히 본회퍼는 이렇게 말했습니다.

그리스도인 형제의 공동체가 처음부터 다음 사실을 분명하게 하는 것은 사활이 걸린 중요한 문제입니다. 첫째, 그리스도인의 형제 공동체는 이상이 아니라 거룩한 현실이라는 사실입니다. 둘째, 그리스도인의 형제 공동체는 인간적인 현실이 아닌, 영적 현실이라는 사실입니다.

수없이 많은 경우에 기독교 공동체는 이상에 기초해 산 결과 무너지고 말았습니다. 그리스도인 삶의 공동체에 첫발을 들여놓은 진지한 그리스도인은 흔히 그리스도인의 공동생활에 관한 특정한 이상을 함께 가지고 들어와서 그것을 실현하려고 노력할 것입니다. 그러나 하나님의 은혜는 이러한 종류의 모든 꿈이 신속히 깨어지도록 합니다. 다른 사람들에 대한 커다란 실망, 무엇보다도 그리스도인 전반에 대한 실망과 더 나아가 자기 자신에 대한 실망이 우리를 짓누를 것입니다. 그러나 이를 통해 하나님은 우리를 참된 그리스도인의 공동체에 대한 인식으로 인도하길 원하십니다. 하나님께서는 순전한 은혜로써 우리가 단 몇 주간만이라도 자신의 환상 속에 살도록 내버려두지 않으시며 우리를 무아지경에 빠지게 하는 즐거운 체험들과 행복한 도취 속에 내어두지 않으십니다. 왜냐하면 하나님은 정서를 자극하는 하나님이 아니라 진리의 하나님이시기 때문입니다. 자신의 모든 불쾌하고 악한 모습에 환멸을 느낀 공동체야말로 비로소 하나님 앞에서 본연의 모습을 발견하게 되며 자신에게 주어진 약속을 믿음으로 붙들기 시작합니다. 그러므로 이러한 실망이 개인에게나 공동체에 빨리 찾아올수록 양자에게 훨씬 유익합니다. 그러나 이러한 실망을 감당하지 못하거나 극복하지 못하고 자신의 이상에 집착하는 공동체는 그 이상이 깨어지는 순간 기독교 공동체에 주어진 약속마저도 상실해 버리고 맙니다. 그래서 이러한 공동체는 언제든지 무너지게 되어 있습니다.

기독교 공동체 속으로 함께 가지고 들어온 인간적인 이상은 참된 공동체를 방해하므로 반드시 깨어져야 하며, 그럴 때 비로소 참된 공동체가 살아날 수 있습니다. 기독교 공동체의 꿈을 기독교 공동체 자체보다 더 사랑하는 사람은 그 자신이 아무리 정직하고 진실하며 헌신적인 사람이라 해도 결국 모든 기독교 공동체의 파괴자가 되고 맙니다.[17]

성도는 자신이 속한 공동체인 교회를 통해 교회 안에서 다른 성도들과 교제합니다. 우리는 성도의 교제를 통해 자신이 거룩한 공교회의 일원인 것을 고백합니다. 우리는 교회가 하나님의 백성 공동체의 거룩한 교제임을 믿습니다.

---

17. 디트리히 본 회퍼, 「성도의 공동생활」Gemeinsames Leben, 2016. 복있는 사람들, p.37

Chapter 11

죄의 실재와 용서를 믿습니다

요한일서 4장 10절
사랑은 여기 있으니 우리가 하나님을 사랑한 것이 아니요
하나님이 우리를 사랑하사 우리 죄를 속하기 위하여
화목 제물로 그 아들을 보내셨음이라

죄의 실재와 용서를 믿습니다

사도신경 10문장은 죄 사함에 관한 고백입니다. 옛 번역은 "죄를 사[용서할赦]하여 주시는 것과"이고, 새 번역은 "죄를 용서받는 것과"입니다.

'죄'의 실재[實在]를 인정하지 않는 분들에게는 죄를 '용서받는다'라는 개념이 불필요한 일로 여겨질 것입니다. 그런데 인류가 존재해 온 이래 시대와 문화마다 그 내용은 다르지만 '죄의식'과 '죄책감'은 보편적입니다. 죄의 실재와 죄 용서의 길은 부정하면서도 현실에서 알 수 없는 죄책감과 강박증을 느끼시는 분이 많은 것을 보면 그러한 의식과 감정은 무엇에 근거해 생겨나며 왜 완전하게 해소되지 못하는 것일까요? 세상에 절대자와 절대 기준이 없다고 한다면 '그까짓 죄는 상황에 따라 달라지는 것'이라고 말하고 잊어버리면 그만인데 우리는 왜 사소한 관계성에서의 갈등마저 잊지 못하고 죄책감과 후회라는 것에 시달리며 살까요? 누구나 다 그렇게 살다가 죽는 것이 인생이라고 한다면 우리는 왜 삶에 대한 미련, 죽음에 대한 두려움을 떨쳐버리지 못하는 것일까요?

흔히들 "죄"라고 하면 '교회 다니는 사람들이 자주 하는 말, 듣기 싫은 말, 종교적인 개념'으로 생각합니다. 그런데 미국 심리학자이며 정신과 의사 스캇 펙Morgan Scott Peck, 1936~2005이 쓴 「거짓의 사람들」이라는 책은 (신학이 아닌) 사회과학적인 관점에서 죄의 실재성을 잘 보여 주고 있습니다.

저자는 "악"을 '인류의 가장 근원적인 질병'으로 정의하면서 인류가 이 질병 때문에 뿌리 깊은 공포와 두려움에 사로잡혀 있으며 사람들에게서 발견되는 악의 보편성은 죄를 인정하는 것을 거부하고 죄를 남에게 덮어씌우려는 태도를 통해 나타난다고 말합니다. 악은 누구나 악하다고 말할 만한 모습이 아니라 평범하고 정상적이며 합리적인 모습으로 나타나는 경우가 훨씬 더 많으며 악한 사람들에게서 보이는 선함은 가식과 위선이기에 그들을 '거짓의 사람'이라고 부릅니다.

사람들이 죄를 인정하지 못하는 이유는 자신의 부족, 잘못, 실수를 인정하지 못하는 나르시시즘 때문인데 삶의 통제권을 잃어버릴지도 모른다는 내면의 불안과 공포 때문에 지배욕과 통제욕, 자기 의지 관철을 주장하는 태도가 악으로 표출됩니다. 악은 사랑과 인정을 받지 못할 것이라는 두려움에 뿌리를 두고 있는 근원적인 질병이기 때문에 사람들은 자기를 인정해 달라는 욕구 안에서 집요하고 파괴적인 악을 행하는 것이고 이러한 이유로 악(과 악한 사람들)에 대한 가장 근원적 대응은 동정과 사랑뿐이라고 말합니다. 이 책은 성경을 인용하지 않고서도 인간 내면에 존재하는 악의 실재를 잘 드러내었습니다.

여러분도 이 책을 읽고 나면 인류에게 '죄'의 문제는 개념의 문제가 아니라 실재實在이며 실제實際이다'라는 데 동의하실 것입니다.

죄

하나님이 태초에 천지를 창조하실 때 세상은 하나님의 의도 안에 질서정연하고 조화로웠습니다.
> (창 1:31) 하나님이 지으신 그 모든 것을 보시니 보시기에 심히 좋았더라 …

그리고 하나님은 그 질서정연하고 조화로운 세상의 통치를 인간에게 맡기셨습니다.
> (창 1:28) 하나님이 그들에게 복을 주시며 하나님이 그들에게 이르시되 생육하고 번성하여 땅에 충만하라, 땅을 정복하라, 바다의 물고기와 하늘의 새와 땅에 움직이는 모든 생물을 다스리라 하시니라

그러나 인간은 하나님이 만드신 창조 세상의 '청지기'로 살기보다는 '주인'과 '통치자'가 되고 싶었습니다.
> (창 3:5) 너희가 그것을 먹는 날에는 너희 눈이 밝아져 하나님과 같이 되어 선악을 알 줄 하나님이 아심이니라

죄를 뜻하는 헬라어 '하마르티아'^{αμαρτια}는 '과녁을 벗어났다'라는 의미입니다. 인류의 첫 죄는 하나님의 뜻을 따라 창조 세계를 다스리면서 하나님의 영광을 드러내고 찬양하는 존재로 살아야 할 창조 목적에서 벗어난 것입니다. 이것은 과일 하나 따먹은 단순한 일이 아니라 하나님에 대한 반역, 창조 목적

에 따른 역할에 대한 배신, 창조 질서를 전복顚覆, subversion하려는 일이었습니다.

하나님은 창조 질서를 어긴 인간을 (완전한 은혜와 생명의 영역인) 에덴동산에서 쫓아내셨습니다.

> (창 3:23~24) 23 여호와 하나님이 에덴동산에서 그를 내보내어 그의 근원이 된 땅을 갈게 하시니라 24 이같이 하나님이 그 사람을 쫓아내시고 에덴동산 동쪽에 그룹들과 두루 도는 불 칼을 두어 생명나무의 길을 지키게 하시니라

하나님과의 교제를 상실하고 하나님의 생명력과 은혜로부터 끊어진 인간의 삶은 이제 제한된 생명력으로 생존해야 하는 비참한 삶, 저주의 삶, 죽음의 삶이었습니다.

> (창 3:17~19) 17 … 땅은 너로 말미암아 저주를 받고 너는 네 평생에 수고하여야 그 소산을 먹으리라 18 땅이 네게 가시덤불과 엉겅퀴를 낼 것이라 … 19 네가 흙으로 돌아갈 때까지 얼굴에 땀을 흘려야 먹을 것을 먹으리니 네가 그것에서 취함을 입었음이라 너는 흙이니 흙으로 돌아갈 것이니라 하시니라

이러한 인류의 형편을 두고 이사야 선지자는 부정한 자 되어 더러운 옷 같은 의를 가지고 잎사귀처럼 시들어가는 존재로 죄악 가운데 끌려다니는 삶이라고 묘사했습니다.

> (사 64:6) 무릇 우리는 다 부정한 자 같아서 우리의 의는 다 더러운 옷 같으며 우리는 다 잎사귀와 같이 시들므로 우리의 죄악이 바람 같이 우리를 몰아가나이다

바울 역시 이러한 인류의 영적 현실을 '허물과 죄로 죽은 존재', '본질상 진노의 자녀'라고 묘사합니다.

> (엡 2:1~3) 1 그는 허물과 죄로 죽었던 너희를 살리셨도다 2 그때에 너희는 그 가

운데서 행하여 이 세상 풍조를 따르고 공중의 권세 잡은 자를 따랐으니 곧 지금 불순종의 아들들 가운데서 역사하는 영이라 3 전에는 우리도 다 그 가운데서 우리 육체의 욕심을 따라 지내며 육체와 마음의 원하는 것을 하여 다른 이들과 같이 본질상 진노의 자녀이었더니

우리 시대 모든 국가에서 행해지는 공교육과 시민 교육 안에는 정의와 평화, 질서와 존중, 배려와 사랑을 가르치고 있지만 그러한 교육에도 불구하고 우리의 현실은 2천 년 전 바울이 말하는 내용과 다르지 않습니다.

(딤후 3:2~4) 2 사람들이 자기를 사랑하며 돈을 사랑하며 자랑하며 교만하며 비방하며 부모를 거역하며 감사하지 아니하며 거룩하지 아니하며 3 무정하며 원통함을 풀지 아니하며 모함하며 절제하지 못하며 사나우며 선한 것을 좋아하지 아니하며 4 배신하며 조급하며 자만하며 쾌락을 사랑하기를 하나님 사랑하는 것보다 더하며

이것이 인류의 현실이라면 인간은 왜 이런 수준에서 살 수밖에 없을까요? 성경은 그 이유를 죄 때문이라고 말합니다. 법적인 개념에서 죄란 '법에 규정된 한계를 넘어선 행위나 생각'으로 정의되지만, 웨스트민스터 대요리문답 24문에서는 "죄는 이성을 가진 피조물이 법칙으로 주신 하나님의 율법을 순종함에 부족한 것이나 어기는 것"^{transgression}이라고 정의하면서 죄의 본질을 하나님과의 관계 문제로 설명합니다.

그래서 신학적으로는 하나님에게서 벗어남, 분리, 혹은 하나님과 대적하는 것을 "죄"^{Sin}라고 말하고, 하나님과 깨어진 관계 때문에 하나님의 법을 순종함에 어긋나거나 부족한 모든 행위를 "죄악들"^{Sins}이라고 말합니다. 첫 사람 아담의 범죄 이후 인류에게 전가되어 전해지고 있는 죄를 원죄$^{原罪, original\ sin}$라 하고,

원죄성에서 파생되어 실행되는 온갖 종류의 죄악을 자범죄[自犯罪, actual sin]라고 합니다.

죄 용서를 위한 그리스도의 십자가 순종

죄는 처벌을 받아야만 완전히 해결됩니다. 그런데 죄 때문에 인간을 처벌한다면 모든 인간이 다 죽어야 합니다. 구원받을 존재가 없습니다. 그렇습니다. 그것이 인류의 현실이었습니다.

> (롬 3:10) 기록된 바 의인은 없나니 하나도 없으며

그런데 하나님의 아들이신 그리스도께서 이 죄 문제를 해결하기 위해 세상으로 오셨습니다.

> (딤전 1:15) 미쁘다 모든 사람이 받을 만한 이 말이여 그리스도 예수께서 죄인을 구원하시려고 세상에 임하셨다 하였도다 …

하늘 권세를 가지신 그리스도 예수님께서 십자가에서 죽으신 것은 우리의 죄를 용서하시기 위함입니다.

> (마 26:28) 이것은 죄 사함을 얻게 하려고 많은 사람을 위하여 흘리는 바 나의 피 곧 언약의 피니라

이로써 예수님은 세례 요한이 언급했던 '세상 죄를 지고 가는' 어린 양의 사명과 직무를 다하셨습니다.

> (요 1:29) 이튿날 요한이 예수께서 자기에게 나아오심을 보고 이르되 보라 세상 죄를 지고 가는 하나님의 어린 양이로다

그리스도이신 예수님이 우리를 위하여 우리의 자리에서 우리 대신 우리의 죄에 대한 형벌과 저주를 받으심으로 우리는 죄에 대한 처벌을 면제받게 되었습니다.

(사 53:5~6) 5 그가 찔림은 우리의 허물 때문이요 그가 상함은 우리의 죄악 때문이라 그가 징계를 받으므로 우리는 평화를 누리고 그가 채찍에 맞으므로 우리는 나음을 받았도다 6 우리는 다 양 같아서 그릇 행하여 각기 제 길로 갔거늘 여호와께서는 우리 모두의 죄악을 그에게 담당시키셨도다

이 일로 인하여 에덴동산에서 내어 쫓긴 우리는 하나님과 연합하고 화목할 수 있습니다.

(롬 5:10) 곧 우리가 원수 되었을 때에 그의 아들의 죽으심으로 말미암아 하나님과 화목하게 되었은즉 화목하게 된 자로서는 더욱 그의 살아나심으로 말미암아 구원을 받을 것이니라

성경은 예수님께서 십자가에서 죽음을 맞이하실 때 예루살렘 성전 휘장이 위에서 아래로 찢어졌다고 기록합니다.

(막 15:37~38) 37 예수께서 큰 소리를 지르시고 숨지시니라 38 이에 성소 휘장이 위로부터 아래까지 찢어져 둘이 되니라

그리스도의 십자가 죽음은 하나님과 우리 사이를 갈라놓았던 이 휘장을 허물고 우리를 하나님 앞에 세우는 사건입니다.

(골 1:22) 이제는 그의 육체의 죽음으로 말미암아 화목하게 하사 너희를 거룩하고 흠 없고 책망할 것이 없는 자로 그 앞에 세우고자 하셨으니

믿음과 회개

그런데 그리스도께서 우리의 처벌을 대신 받았다 하더라도 그리스도가 받은 그 처벌이 나의 것, 나를 위한 것이 되려면 내가 그리스도와 관계를 맺어야 하는데 그 방법이 믿음의 회개입니다.

(행 17:30) 알지 못하던 시대에는 하나님이 간과하셨거니와 이제는 어디든지 사람에게 다 명하사 회개하라 하셨으니

참된 회개는 죄가 가져오는 파괴성을 알고, 죄를 피하려 하고, 이기려 하고, 미워하는 마음으로 해야 합니다.

(잠 28:13) 자기의 죄를 숨기는 자는 형통하지 못하나 죄를 자복하고 버리는 자는 불쌍히 여김을 받으리

죄를 은밀하게 즐기면서 회개한다면 그것은 참된 회개일 수 없습니다. 중심의 통회함이 없는 값싼 회개는 값싼 은혜를 만들어냅니다. 하나님은 진심으로 회개하는 자들을 불쌍히 여기십니다. 그래서 교회에서는 속죄의 완전성을 강조하는 동시에 회개의 진실성이 강조되어야 합니다.

앞서 언급한 바와 같이 '죄'와 '죄악들', '원죄'와 '자범죄'가 있다고 한다면 우리가 해야 할 회개도 두 종류이어야 합니다.

첫 번째는 내가 존재론적으로 죄인임을 인정하는 '원죄에 대한 회개'입니다. 이 한 번의 고백으로 우리는 거듭납니다.

(시 51:2~3) 2 나의 죄악을 말갛게 씻으시며 나의 죄를 깨끗이 제하소서 3 무릇 나는 내 죄과를 아오니 내 죄가 항상 내 앞에 있나이다

두 번째는 우리가 현실적으로 행하는 '자범죄의 죄악들에 대한 회개'입니다. 이 회개는 지속적이고 반복적이어야 합니다.

> (요일 1:8~9) 8 만일 우리가 죄가 없다고 말하면 스스로 속이고 또 진리가 우리 속에 있지 아니할 것이요 9 만일 우리가 우리 죄를 자백하면 그는 미쁘시고 의로우사 우리 죄를 사하시며 우리를 모든 불의에서 깨끗하게 하실 것이요

내 안에 존재하는 죄성의 본질을 인정하고, 하나님께로 돌아가겠다는 회심의 회개는 죄에 대한 책임^{guilty}을 사라지게 하고 내 삶에 존재하는 죄악들에 대한 자백의 회개는 죄의 오염^{pollution}으로부터 우리를 깨끗하게 합니다. 사죄^{赦罪}는 본질적이고 현실적으로 무죄^{無罪}의 선언이 아닙니다. 무죄하다면 사죄받을 일이 없습니다. 오히려 사죄 선언은 실제적으로는 유죄^{有罪} 선언인데 하나님 앞에서는 그리스도 덕분에 그 죄를 속량 받았다는 선언입니다.

사도들이 우리에게 전하여 준 복음은 예수 이름을 믿고 회개할 때 누구든지 죄를 용서받고 구원을 받는다는 진리입니다.

> (행 10:43) 그에 대하여 모든 선지자도 증언하되 그를 믿는 사람들이 다 그의 이름을 힘입어 죄 사함을 받는다 하였느니라

우리가 믿고 전하는 복음 전도의 핵심은 예수 믿고 회개하면 죄사함을 받는다는 진리이어야 합니다.

> (행 2:38) … 너희가 회개하여 각각 예수 그리스도의 이름으로 세례를 받고 죄 사함을 받으라 …

회개하고, 예수 믿고, 세례받고, 죄 사함 받아야 합니다. 깊은 죄의식은 하나님에 대한 신의식^{神意識}이자 하나님 앞에서의 자신에 대한 자의식^{自意識}이기도 하

지만 예수 믿은 이후에도 품고 사는 죄의식은 그리스도 안에서 주어진 사죄의 은혜를 받아들이지 못하는 고집일 수도 있습니다. 우리가 받아 누리는 속죄와 그로 인한 구원은 '값없는^{free} 은혜'이지만 이를 위해 하나님 아버지와 예수 그리스도, 성령 하나님께서 치르신 대가는 너무나 큰 것이기에 '값비싼^{costly} 은혜'입니다. 죄인임을 인정하는 것은 훌륭한 신앙이지만 사죄의 확신이 없으면 죄의 용서가 가져다주는 자유를 누리지 못합니다.

그리스도의 속죄 위에 새로운 무엇인가가 더 필요하지 않습니다. 그리스도의 속죄가 완전하다는 사실을 되새기고 우리의 힘으로 값을 더 치르려는 생각을 내려놓을 때 우리는 죄에서의 자유함과 평안을 누릴 수 있습니다. 그리스도인들은 노력으로 획득한 자격에 자유함을 느끼는 사람들이 아니라 그리스도의 사역을 믿음으로 부여된 자격으로 인해 자유함을 누리는 사람들입니다.

교회 공동체와 죄 용서

사도신경에서 교회 공동체를 일컬어 '거룩한 공교회'라고 고백하는 것은 성령의 사역으로 인해 그리스도 안에 들어와 죄사함을 받은 공동체이기 때문입니다.

웨스트민스터 소요리문답 31문은 "성령으로 인해 우리에게 그리스도의 구속이 효력 있게 적용된다"는 것을 이렇게 가르칩니다.

문: 효력 있는 부르심$^{effectual\ calling}$이란 무엇입니까?
답: 효력 있는 부르심은 하나님의 성령이 행하시는 사역^{work}으로서, 우리의

죄와 비참함을 깨닫게^{convincing} 하시고, 우리의 마음을 밝혀^{enlightening} 그리스도를 알게 하시고, 우리의 의지를 새롭게 하시고, 우리를 설득하사 능히 복음 가운데 값없이 주시는 예수 그리스도를 영접할 수 있게 하시는 것입니다.

사람들이 죄를 깨닫고 돌이키는 것은 교회에서 선포되는 말씀 그리고 말씀과 함께 역사하시는 성령 하나님을 통해 가능합니다. 종교개혁자 존 칼빈은 제네바 교리문답 104문에서 "교회 공동체와 죄 사함"에 대하여 이렇게 가르쳤습니다.

> 문: 왜 죄사함에 대한 고백이 공교회에 대한 진술 다음에 있습니까?
> 답: 왜냐하면 먼저 하나님의 백성이 되고 그리스도의 몸인 교회와 한 지체가 되지 않으면 누구도 죄 용서받을 수 없기 때문입니다.

성령 하나님은 그리스도께서 세우신 교회라는 공동체를 통해 역사하십니다. 교회에서 사도적 복음이 선포되게 하심으로 죄 용서의 역사를 일으키십니다. 이런 신학적 확신으로 인하여 마르틴 루터는 "교회를 떠나서는 구원이 없다"라고 단호하게 말했습니다.[18]

루터가 이렇게까지 말할 수 있는 것은 예수님의 말씀 때문입니다. 예수님은 제자들에게 교회의 설립을 약속하시고 교회에 천국 열쇠를 맡기셨습니다.

> (마 16:19) 내가 천국 열쇠를 네게 주리니 네가 땅에서 무엇이든지 매면 하늘에서도 매일 것이요 네가 땅에서 무엇이든지 풀면 하늘에서도 풀리리라 하시고

---

18. 마르틴 루터의 대요리문답, II. 54-56, 59

이후 부활하신 그리스도께서는 죄 용서의 사역을 제자들의 공동체에 위임하셨습니다.

(요 20:23) 너희가 누구의 죄든지 사하면 사하여질 것이요 누구의 죄든지 그대로 두면 그대로 있으리라 하시니라

하이델베르크 요리문답 83문에서는 "예수님이 말씀하신 천국의 열쇠가 무엇인가?"를 이렇게 설명합니다.

문: 천국의 열쇠는 무엇입니까?
답: 거룩한 복음의 선포와 교회의 권징勸懲, discipline 혹은 기독교 교회로부터의 출교인데 이 둘을 통하여 신자들에게는 천국이 열리고 불신자들에게는 닫힙니다.

여기에서 주의할 것이 있습니다. 죄 용서가 교회 공동체의 설교와 권징 사역과 연관되어 있다고 할 때 로마 가톨릭은 이것을 교회 스스로가 가진 권세로 죄를 용서한다고 믿고 고해성사를 하고 있지만, 개신교회는 교회 자신이 가진 고유한 권세나 성직 제도를 통해 주어진다는 의미가 아니라 교회의 사도적 복음 선포와 그에 따른 공동체의 권징을 통해 주어진다는 말로 이해합니다. 교회가 교회 되는 조건은 종교개혁자 존 칼빈이 말했던 것처럼 말씀(교리)과 성례와 권징입니다.

하이델베르크 요리문답 84문에서는 "천국이 열리고 닫힌다는 개념"을 이렇게 설명합니다.

문: 거룩한 복음의 선포를 통하여 어떻게 천국이 열리고 닫힙니까?

답: 신자들이 참된 믿음으로 복음의 약속을 받아들이면 언제든지 그들의
모든 죄가 그리스도의 공로로 하나님께 진정 사함을 받는다는 것을
그리스도의 명령에 따라서 신자들 개개인과 전체에게 선포하고
공적으로 증언할 때 천국이 열립니다. 그리고 반대로 회심하지
않는 한 하나님의 진노와 영원한 정죄가 모든 불신자들과 진정으로
회개하지 않는 자들 위에 머물러 있다는 것을 그들에게 선포하고 증언할
때에 천국이 닫힙니다. 하나님께서는 이 세상에서와 다가올 세상에서
이러한 복음의 증언에 따라 심판하실 것입니다.

"교회를 통한 설교와 권징이 바로 천국의 열쇠"라는 개념에 대해 웨스트민스터 신앙고백서는 제30장 "교회의 권징에 관하여"라는 제목으로 이렇게 가르칩니다.

이 직원들에게 천국의 열쇠가 맡겨졌는데 그들을 그 효력으로 정죄하고 사죄하는 권세가 있으며, 회개하지 않는 자들에게는 말씀과 권징을 사용하여 천국을 닫고, 회개하는 죄인들에게는 복음 사역으로 말미암아 때로는 권징으로부터 해벌함으로써 천국을 열어줄 수 있다.

하이델베르크 요리문답 85문에서는 "교회가 행하는 권징의 효력"에 대해 이렇게 설명합니다.

문: 교회의 권징을 통해서 어떻게 천국이 닫히고 열립니까?
답: 그리스도인이라는 이름을 지니고서도 그리스도인답지 않은 교리나 생활
을 지속할 경우 형제로서 거듭 권고했음에도 불구하고 오류들과 악한
생활에서 돌이키기를 거부한다면 그 사실을 교회 곧 치리회에 보고해야

합니다. 또한 교회나 혹은 교회가 지명한 자들에게 권고받은 이후에도 그 권고를 멸시하는 자들은 그리스도의 명령에 따라 성례와 성도의 사귐에 참여하지 못하도록 금지시켜야 합니다. 또한 하나님께서도 친히 그리스도의 나라에서 그들을 제외하십니다. 그리고 그들이 진정 돌이키기를 약속하고 또한 입증할 때에는 그들을 다시 그리스도와 그의 교회의 지체로 받아들입니다.

"거룩한 공교회 안에서 말씀과 권징이 사도적으로 실행될 때 성도들이 효력 있는 믿음을 품게 된다"는 내용에 대하여 웨스트민스터 대요리문답 72문은 이렇게 가르칩니다.

문: 의롭게 하는 믿음은 무엇입니까?
답: 의롭게 하는 믿음은 '성령과 하나님의 말씀으로 죄인의 마음속에 역사하는 구원하는 은혜'입니다. 이것으로 죄인은 자기의 죄와 비참을 확신하고, 상실된 상태에서 스스로 회복할 수 있는 능력이 자신과 다른 피조물에게는 없다는 것을 확신하여 복음에 약속된 진리에 동의할 뿐 아니라, 죄 용서를 받기 위해서 그리고 구원을 위해, 하나님께서 보시기에 의로운 자로 받아주시고 간주하시기 위해서, 복음에 제시된 그리스도와 그분의 의를 받아들이고 의지합니다.

그러한 "믿음의 결과로 얻게 되는 죄 사함과 의롭게 됨"에 대하여 웨스트민스터 대요리문답 70문은 이렇게 가르칩니다.

문: 칭의,$^{일컬을 稱, 의로울 義}$ 의롭다 하심^{justification}이란 무엇입니까?
답: 칭의란 하나님께서 죄인들에게 값없이 주시는 은혜의 행위로서 그분이

그들의 모든 죄를 용서하시고, 그분이 보시기에 의로운 자로 받아주시고 간주하시는$^{accepts\ and\ accounts}$ 것입니다. 그들 안에서 이루어진 어떤 것이나 그들이 행한 어떤 것이 아니라 하나님께서 그들에게 전가하셨고^{imputed} 오직 믿음으로 받는, 그리스도의 완전한 순종과 충분한 속죄로 말미암는 것입니다.

성경은 우리 각자의 인격적인 신앙의 중요성을 강조하지만, 개인주의적인 태도를 지지하지는 않습니다. 신앙에서 공동체는 너무나 중요합니다. 카르타고^{Carthago}의 키프리아누스^{Cyprianus}라는 초기 기독교 순교자는 교회를 자신의 어머니로 모시지 않은 사람은 하나님을 아버지로 모실 수 없다고 말했습니다.

여러분의 죄 문제는 해결되셨습니까? 죄 문제 해결을 통해 영원한 구원에 들어갈 수 있습니까? 죄 문제 해결을 통해 이 땅에서 하나님과의 화목을 누릴 준비는 되셨습니까? 우리 인류의 비참함은 우리의 영적 현실과 죄의 파괴성을 모른다는 것입니다. 죄의 본질을 모르고 죄의 해결책을 모르기 때문입니다. 그렇다면 우리는 어떻게 해야 합니까? 우리의 비참한 영적 현실을 깨닫고 이 문제를 해결할 수 있는 길을 찾아야 합니다. 어디서 찾을 수 있습니까? 사도들의 가르침을 이어받은 교회 공동체에서 설교와 권징을 통해서 찾을 수 있습니다. 성경이 말하는 바를 따라 예수님을 통한 죄 용서를 받고 하나님과의 관계가 회복되어야 합니다.

우리는 사도신경의 죄 용서 고백을 드릴 때마다 죄를 용서받지 못하는 삶이 얼마나 무서운 것인가를 기억하고, 우리 죄를 용서하시기 위해 십자가에서 그리스도께서 이루신 일이 얼마나 크고 놀라운 은혜인가를 기억하고, 그 아들을 보내시어 이 사건을 이루신 하나님의 사랑이 얼마나 큰가를 기억하며, 하나님이 주시는 은혜를 받아 누리며 하나님과 교제의 삶을 살아야 합니다.

하나님의 사랑과 그리스도 십자가의 은혜와 성령의 역사로 죄를 용서받은 우리는 어떻게 살아야 할까요?

마귀는 죄를 고소하면서 우리를 그리스도의 십자가에서 멀어지게 하고 하나님의 사랑을 의심하게 하지만, 성령님은 죄를 깨닫게 하실 때 우리를 그리스도의 십자가와 하나님의 사랑으로 이끌어갑니다. 사탄은 우리의 죄책감을 이용하여 두려움과 불안에 이르게 하지만, 성령님은 죄를 깨우쳐 주시고 회개와 자유에 이르게 하십니다. 마귀는 그리스도의 십자가와 용서가 충분하지 않다고 우리를 설득하지만, 우리는 "나는 죄의 용서를 믿습니다!"라는 사도신경의 선포를 통해 우리를 미혹하고 속이려는 마귀를 대적해야 합니다.

죄 용서를 받은 그리스도인들은 복 받은 자임을 기억하고 감사와 기쁨으로 예배해야 합니다.

(시 32:1) 허물의 사함을 받고 자신의 죄가 가려진 자는 복이 있도다

하나님을 경외함으로 말씀을 따르는 순종으로 거룩한 삶을 추구하며 살아야 합니다.

(롬 6:19) 너희 육신이 연약하므로 내가 사람의 예대로 말하노니 전에 너희가 너희 지체를 부정과 불법에 내주어 불법에 이른 것 같이 이제는 너희 지체를 의에게 종으로 내주어 거룩함에 이르라

죄 용서받은 사람은 언제든지 용서받을 수 있다는 사실을 악용하여 습관적

인 범죄자가 되지 않아야 합니다. 그러나 아무리 거룩함을 추구한다고 하여도 우리는 우리의 도덕적 노력으로 완전한 거룩함에 이르지는 못합니다.

종교개혁자 존 칼빈의 제네바 신앙고백서에는 이런 내용이 포함되어 있습니다.

> 우리는 중생이 우리 심령에 큰 영향력을 발휘하여 우리 속에 항상 불완전함과 결점을 남겨 두는 이 유한한 육체를 벗기 전에는 하나님 앞에서 항상 부족하고 비참한 죄인으로 선다는 사실을 시인한다. 그리고 우리가 아무리 날마다 하나님의 의로움 안에서 의로워지고 믿음이 자라더라도 우리가 이 땅에 사는 동안에는 충분함이나 완전함은 결코 존재하지 않을 것이다. 그렇기 때문에 우리는 자신의 허물과 죄를 용서받기 위해 항상 하나님의 자비를 필요로 한다. 따라서 우리는 항상 자기 본성이 아니라 예수 그리스도 안에서 우리의 의로움을 찾아야 하며 우리 행위를 의지하지 말고 그리스도 안에서 담대함과 확신을 가져야 한다.

웨스트민스터 대요리문답 77문은 우리가 죄를 용서받고 의롭다 함을 받는다는 것과 거룩해져 가는 삶, 즉 "성화"에 대하여 이렇게 가르칩니다.

> 문: 칭의$^{의롭다\ 하심}$와 성화$^{거룩하게\ 하심}$는 어떤 점에서 다릅니까?
> 답: 성화는 칭의와 분리될 수 없게 연결되어 있지만, 그 둘은 다릅니다. 하나님께서는 칭의를 통해서는 그리스도의 의를 전가^{imputes}하시지만, 성화를 통해서는 하나님의 영께서 은혜를 주입하시고^{infuses} 그 은혜가 영향을 미칠 수 있게 하십니다. 칭의를 통해서는 죄가 용서되며 성화를 통해서는 죄가 억제됩니다. 칭의는 하나님의 복수하시는 진노로부터 모든 신자들을 동일하게 자유롭게 하되 이 세상의 삶에서 완전히

자유롭게 하기 때문에 결코 그들이 정죄에 빠지지 않게 됩니다. 성화는 모든 신자들에게 동일하지 않고, 이 세상의 삶에서는 아무에게도 완전하지 않고, 다만 완전을 향해 자라갈 뿐입니다.

다른 사람의 잘못을 용서하는 삶을 살아야 합니다.
(마 18:33) 내가 너를 불쌍히 여김과 같이 너도 네 동료를 불쌍히 여김이 마땅하지 아니하냐 하고
(엡 4:32) 서로 친절하게 하며 불쌍히 여기며 서로 용서하기를 하나님이 그리스도 안에서 너희를 용서하심과 같이 하라
(골 3:13) 누가 누구에게 불만이 있거든 서로 용납하여 피차 용서하되 주께서 너희를 용서하신 것 같이 너희도 그리하고

그리스도인은 무엇을 믿는 사람들입니까? 우리는 그리스도 십자가 사건과 그에 대한 믿음의 회개를 통해 죄를 용서받아 하나님의 백성 공동체가 되고 하나님의 자녀가 됨을 믿는 사람들입니다. 이 사죄의 은혜를 누리며 기쁨으로 예배하고, 즐거움으로 거룩한 삶을 추구하며, 서로를 용서하며 사는 하나님의 백성 되시기를 소망합니다.

Chapter 12

몸의 부활과 영생을 믿습니다

고린도전서 15장 42~45절
죽은 자의 부활도 그와 같으니 썩을 것으로 심고
썩지 아니할 것으로 다시 살아나며 욕된 것으로 심고
영광스러운 것으로 다시 살아나며
약한 것으로 심고 강한 것으로 다시 살아나며
육의 몸으로 심고 신령한 몸으로 다시 살아나나니
육의 몸이 있은즉 또 영의 몸도 있느니라
기록된 바 첫 사람 아담은 생령이 되었다 함과 같이
마지막 아담은 살려 주는 영이 되었나니

몸의 부활과 영생을 믿습니다

사도신경 11문장과 12문장은 부활과 영생에 관한 고백입니다. 옛 번역은 "몸이 다시 사는 것과 영원히 사는 것을 믿사옵나이다"이고, 새 번역은 "몸의 부활과 영생을 믿습니다"입니다.

어떠한 철학에서든지 인생의 중요한 주제인 '죽음'의 문제를 언급하고 있고, 어떠한 종교에서든지 이 세상의 삶보다는 더 좋은 '영원한 삶'에 대한 교리를 가지고 있습니다. 또 철학에서는 '모든 인간은 죽을 수밖에 없다는 현실'을 냉정하게 받아들이고 마음의 평정심을 유지하며 현재를 사는 것이 바른 일이라고 말합니다. 현실주의자들은 어차피 죽는 인생, 인류에 의미 있는 기여를 하고 떠난다면 그것이 '영원한 삶'이라 말하고, 유교에서는 자손을 통해 이어지는 생명과 혈통 속에서 제사를 통해서라도 '후손에게 기억되는 삶'에 의미를 두기도 합니다. 도교에서는 육체적으로도 죽지 않을 길이 있다고 말하면서 신선이 되어 영원한 삶을 꿈꾸기도 하고, 불교나 힌두교에서는 순환론적, 윤회론輪廻論적 우주관 아래서 우주의 또 다른 존재로 환생還生하는 것을 영생으로 설명하기도 합니다.

그러나 성경의 가르침을 요약한 사도신경에서는 육체의 부활과 함께 영원한 삶에 대하여 고백합니다. 부활과 영생을 설명하기 위해 논리적 순서를 따라 ① 죽음 ② 부활 ③ 부활의 몸 ④ 심판 ⑤ 영생 ⑥ 영생의 삶에 대해 순차적으로 설명하도록 하겠습니다.

죽음

'몸의 부활'을 말하려면 먼저 '몸(육체)의 죽음'을 언급할 수밖에 없습니다. 죽음을 뜻하는 헬라어 '싸나토스'^{θανατος}는 '분리'라는 어원을 가지고 있는데 이 단어에 근거하면 죽음은 세 가지의 '분리'로 설명할 수 있습니다.

첫 번째는 생명의 근원이신 '하나님과의 분리' 상태를 의미하는 "영적 죽음"입니다.

(엡 2:1) 그는 허물과 죄로 죽었던 너희를 살리셨도다

예수님 믿기 전에 우리의 육체는 죽지 않았습니다만 성경은 그때의 우리를 두고 죽었던 상태라고 규정합니다. (기계/물리/화학적으로만 보더라도) 자동차 엔진이 고장 나고, 배터리가 수명을 다하면 자동차가 가진 '부가적 기능은

유효하지만, 본질적 기능은 감당할 수 없다'는 점에서 자동차의 죽음이라고 말할 수 있습니다. 그런데 전인격적인 인간이 생명의 근원이신 하나님과 분리되면 당장 육체에 목숨이 붙어 있다 하더라도 그 본질적 가치와 의미를 실현할 수 없는 존재가 되었다는 점에서 이것은 죽음입니다.

두 번째는 '육체와 영혼이 분리'되는 "육체적 죽음"입니다. 이 죽음이 우리 모두가 알고 있는 보편적인 죽음으로 인간의 육체를 다루는 의학에서는 심장이 멈추고 호흡이 끊어진 상태가 죽음이지만 인간의 존재론적 관점에서의 죽음은 영혼과 육체가 분리되는 상태입니다.

예수님께서도 십자가에서 이러한 죽음을 경험하셨습니다.
(마 27:50) 예수께서 다시 크게 소리 지르시고 영혼이 떠나시니라

여기서 짚고 넘어갈 사실은 죽은 사람의 영혼이 이 세상을 떠돌지 못한다는 것입니다. 영적인 존재로 이 피조 세상을 떠도는 것은 죽은 사람의 영혼이 아니라 귀신들입니다. 제사, 자연현상, 두려움, 신화, 전설로 사람들을 얽매는 존재는 죽은 조상이 아니라 귀신들입니다.
(고전 10:20) 무릇 이방인이 제사하는 것은 귀신에게 하는 것이요 하나님께 제사
하는 것이 아니니 나는 너희가 귀신과 교제하는 자가 되기를 원하지 아니하노라

세 번째는 예수님의 재림 심판 이후 생명책에 이름이 기록되지 않은 자들이 '하나님과 구원의 기회로부터 단절'되어 영원한 형벌의 지옥에 들어가게 되는 "영원한 죽음"입니다.
(계 20:14~15) 14 사망과 음부도 불 못에 던져지니 이것은 둘째 사망 곧 불 못이
라 15 누구든지 생명책에 기록되지 못한 자는 불 못에 던져지더라

이 죽음은 예수님께서 가르쳐주지 않으셨다면 우리는 상상도 할 수 없는 일입니다. 죽음 너머를 다녀온 사람도 없고, 세상 종말에 있을 심판을 경험한 사람은 인류 역사상 아무도 없기 때문입니다. 그런데 사람들은 현상적인 '육체의 죽음'만 알고 있을 뿐, '영적 죽음'과 '영원한 죽음'을 알지 못합니다.

인생은 누구나 죽음을 맞이해야 하지만 인생은 죽음으로 끝나는 것이 아닙니다. 우리가 진짜로 두려워해야 할 것은 육체적 죽음이 아니라 육체적 죽음 후에 맞이하게 될 심판입니다.

(히 9:27) 한 번 죽는 것은 사람에게 정해진 것이요 그 후에는 심판이 있으리니

세상 마지막 날 있게 될 심판의 주인이 재림하시는 성자 하나님, 예수 그리스도이십니다.

(마 26:64) … 이후에 인자가 권능의 우편에 앉아 있는 것과 하늘 구름을 타고 오는 것을 너희가 보리라 …

이 심판의 결과에 따라 누군가는 하늘이라 표현되는 영원하신 하나님의 영역에서 하나님과 동행하는 영생을 누리게 될 것입니다.

(계 21:3) 내가 들으니 보좌에서 큰 음성이 나서 이르되 보라 하나님의 장막이 사람들과 함께 있으매 하나님이 그들과 함께 계시리니 그들은 하나님의 백성이 되고 하나님은 친히 그들과 함께 계셔서

또 다른 누군가는 이 심판의 결과에 따라 '불과 유황으로 타는 못'이라고 묘사되는 영원한 형벌의 처소에서 죽지도 못하고 존재해야 합니다.

(계 21:8) 그러나 두려워하는 자들과 믿지 아니하는 자들과 흉악한 자들과 살인자들과 음행하는 자들과 점술가들과 우상 숭배자들과 거짓말하는 모든 자들은

> 불과 유황으로 타는 못에 던져지리니 이것이 둘째 사망이라

지옥은 지구상에 존재했던 특별한 소수의 악인을 위해 마련된 처소가 아니라 '모든 인류를 처벌하기 위한 장소'입니다. 어떤 분들은 '사랑의 하나님이라면 왜 인간을 지옥에 보내는가?'하고 물으며 하나님을 믿지 못하겠다고 말합니다. 그런데 저는 그 질문을 달리 표현하고 싶습니다. '의로우신 하나님이라면 왜 우리 같은 죄인을 처벌하지 않고 구원하려 하시는가?'하고 물어야 마땅하지 않을까요? 그래서 하나님은 사랑이십니다.

다만 재판장이신 예수님의 재림과 심판 이후에는 전도의 기회도 없고, 회개의 기회도 없습니다. 예수님의 심판 선고 즉시 시행될 이 불못의 처벌을 통해서 구원받지 못한 사람들은 생명에 대한 모든 소망에서조차 분리될 것입니다.

우리는 아직 하나님을 믿지 않는 분들에게 정중하지만 확실하게 질문해 보아야 합니다. "인생에 세 가지 종류의 죽음이 있다는 것을 알고 계십니까? 성경에 따르면 당신은 이 세 가지 죽음을 맞이하게 되실 텐데 지금 결정에 따라 두 가지 죽음은 피할 수 있다는 사실을 알고 계십니까?" 그리고 구원의 길이신 예수님의 십자가와 부활 사건을 알려주고 예수님을 구세주로 영접하도록 초청해야 합니다.

때로는 궁금합니다. 성경이 가르치는 내용이 틀릴 확률, 예수님이 하나님의 아들이 아닐 확률을 몇 퍼센트라고 생각하길래 그렇게들 죽음 앞에서 당당한 것일까요? 인생을 내 생각대로, 내가 원하는 대로, 내 멋대로 살면 그만이라고 생각했는데 심판이 없으면 다행이지만 심판이 있다고 한다면, 없었으면 했던 심판이 실행되는데 심판장이 예수님이라고 한다면 그때는 어떻게 해야할까

요? 그때를 위해 무엇을 준비해야 할까요?

부활을 믿지 못하는 사람들, 종말에 대한 의식이 없는 사람들의 삶은 현세 중심적, 행복과 즐거움과 욕구 중심적일 수밖에 없습니다. 그러나 "반드시 죽는다, 죽은 후에 반드시 심판이 있다, 그 심판의 주인이 예수님이시다"는 사실을 알게 되면 우리는 결코 이전과 같은 삶을 살 수가 없을 것입니다.

(고전 15:32) … 죽은 자가 다시 살아나지 못한다면 내일 죽을 터이니 먹고 마시자 하리라

죽음과 영생에 대한 고백은 누구도 보지 못한 미래에 대한 상상 속의 이야기에 대한 고백이 아닙니다. 과거 이 땅에 실존하셨던 분이 스스로 부활하여 사람들에게 보여 주신 그분이 말씀하신 것을 기록으로 남겨준 내용에 근거한 믿음, 과거와 현실에 기초한 미래에 대한 고백입니다.

웨스트민스터 대요리문답 86문에서는 "죽음과 그 이후 상태"에 대하여 이렇게 가르칩니다.

> 문: 보이지 않는 교회의 회원들이 죽음 직후에, 영광 중에 그리스도와 누리는 교제는 무엇입니까?
>
> 답: 보이지 않는 교회의 회원들이 죽음 직후에, 영광 중에 그리스도와 누리는 교제는, 그들의 영혼이 완전히 거룩해져서 빛과 영광 중에 계시는 하나님의 얼굴을 보는 지극히 높은 하늘로 받아들여지고, 몸의 완전한 구속을 기다리는 것으로, 그들의 몸은 죽음 가운데서도 계속해서 그리스도와 연합되어 있으며, 마지막 날에 그들의 영혼과 다시 결합할 때까지 침상에 있는 것처럼 무덤 속에서 쉽니다.

반면에 악인들의 영혼은 그들이 죽을 때에 지옥으로 던져져서, 거기서 고통과 극심한 어둠에 있게 되며, 그들의 몸은 부활과 대심판 날까지 감옥에 갇힌 것처럼 무덤에 갇혀 있습니다.

부활

죽은 자가 살아난다는 것은 너무나도 놀라운 일이지만 그런 종류의 부활은 구약 역사서에 기록된 엘리사 선지자의 이야기나 복음서의 나사로 사건에서도 일어났습니다. 그러나 그들의 부활은 '또다시' 그리고 '반드시' 죽음으로 들어가야 할 잠시 잠깐의 연명延命일 뿐이었습니다.

그러나 예수님의 부활은 다시 살아나신 이후 죽음이 아니라 하늘로 들어가셨다는 점과 온 인류가 부활할 것에 대한 첫 열매라는 점에서 그 의미가 다릅니다.

(고전 15:21) 사망이 한 사람으로 말미암았으니 죽은 자의 부활도 한 사람으로 말미암는도다

만약 예수님의 부활이 죽음으로부터의 승리라고 한다면 그분만 살아나면 되지 우리는 왜 살아나야 할까요? 부활이 중요한 것은 죽음도 삼키지 못한 성육신한 성자의 생명과 영광에 우리도 참여하도록 하기 위해서입니다.

(고전 15:22) 아담 안에서 모든 사람이 죽은 것 같이 그리스도 안에서 모든 사람이 삶을 얻으리라

예수님은 세상 마지막 날에 몸도 부활시키실 것이라고 약속하셨습니다.

(요 14:3) 가서 너희를 위하여 거처를 예비하면 내가 다시 와서 너희를 내게로 영
접하여 나 있는 곳에 너희도 있게 하리라

예수님은 부활의 첫 열매로써 우리가 어떻게 부활하게 될 것인가를 미리 보여 주신 샘플입니다.
(고전 15:20) 그러나 이제 그리스도께서 죽은 자 가운데서 다시 살아나사 잠자는 자들의 첫 열매가 되셨도다

부활은 사람이 지어낸 이야기가 아니라 예수님께서 직접 가르쳐 주신 내용으로 마지막 날에 있을 우리 몸의 부활에는 몇 가지 특징이 있습니다.

신앙인이나 불신앙인을 따지지 않고, 시대나 인종을 제한하지 않고 인류상 존재했던 모든 사람이 부활하게 될 것입니다.
(요 5:25) 진실로 진실로 너희에게 이르노니 죽은 자들이 하나님의 아들의 음성을 들을 때가 오나니 곧 이때라 듣는 자는 살아나리라

부활의 목적은 일차적으로는 그리스도의 심판을 받기 위함이고, 이차적으로는 심판의 결과에 따라 복을 누리든지 처벌을 받기 위함입니다.
(요 5:29) 선한 일을 행한 자는 생명의 부활로, 악한 일을 행한 자는 심판의 부활로 나오리라
(행 24:15) 그들이 기다리는바 하나님께 향한 소망을 나도 가졌으니 곧 의인과 악인의 부활이 있으리라 함이니이다

웨스트민스터 대요리문답 87문에서는 "부활"에 대하여 이렇게 가르칩니다.

문: 부활에 관하여 우리가 믿어야 할 것은 무엇입니까?

답: 우리는 마지막 날, 의로운 자들과 불의한 자들 모두 죽은 자들의 일반적인 부활이 있을 것을 믿어야 합니다. 그때 여전히 살아 있는 자들은 즉시 변화될 것입니다. 그리고 무덤에 누워있는 죽은 자들의 몸은 그리스도의 능력으로 일으킴을 받아 자기들의 영혼과 영원히 결합한 이전과 같은 몸으로 있게 될 것입니다. 의로운 자들의 몸은 그리스도의 영에 의해, 그리고 그들의 머리이신 그리스도의 부활 덕택으로 능력 중에 신령하고 썩지 않는 몸으로 살아나서 그리스도의 영광스러운 몸과 같이 될 것입니다. 불의한 자들의 몸은 진노하시는 심판주이신 그리스도에 의하여 욕된 것으로 살아날 것입니다.

모든 분이 예수님 재림의 심판 날에 영원한 지옥으로 들어가기 위한 악인의 부활이 아니라 영원한 천국으로 들어가기 위한 의인의 부활을 맞이하게 되시기를 바랍니다.

부활의 몸

성경은 우리가 부활하게 될 몸은 부활하신 예수님의 몸과 같을 것이라고 가르칩니다.

(요일 3:2) 사랑하는 자들아 우리가 지금은 하나님의 자녀라 장래에 어떻게 될지는 아직 나타나지 아니하였으나 그가 나타나시면 우리가 그와 같을 줄을 아는 것은 그의 참모습 그대로 볼 것이기 때문이니

부활하신 예수님은 음식을 먹고 마실 수 있었습니다.

(눅 24:43) 받으사 그 앞에서 잡수시더라

문을 닫아 놓은 방에 나타나기도 하셨습니다.
(요 20:19) 이날 곧 안식 후 첫날 저녁때에 제자들이 유대인들을 두려워하여 모인 곳의 문들을 닫았더니 예수께서 오사 가운데 서서 이르시되 너희에게 평강이 있을지어다
(요 20:26) 여드레를 지나서 제자들이 다시 집 안에 있을 때에 도마도 함께 있고 문들이 닫혔는데 예수께서 오사 가운데 서서 이르시되 너희에게 평강이 있을지어다 하시고

그렇지만 예수님 몸의 창자국과 손의 못자국은 부활 후에도 사라지지 않았습니다.
(요 20:27) 도마에게 이르시되 네 손가락을 이리 내밀어 내 손을 보고 네 손을 내밀어 내 옆구리에 넣어 보라 그리하여 믿음 없는 자가 되지 말고 믿는 자가 되라

그런데 제자들이 아무리 예수님이 죽었다고 생각하더라도 제자들이 부활하신 예수님을 단번에 알아보지 못했다는 것은 의외입니다.
(눅 24:16) 그들의 눈이 가리어져서 그인 줄 알아보지 못하거늘
(요 20:14) 이 말을 하고 뒤로 돌이켜 예수께서 서 계신 것을 보았으나 예수이신 줄은 알지 못하더라

부활하신 예수님 몸의 어떤 부분은 이 땅의 특성이 이어지고 어떤 부분은 질적으로 다른 것이었습니다. 부활의 몸은 이 땅의 몸이 완전히 사라지고 전혀 다른 실체가 되는 것이 아닙니다. 이 땅의 몸이 가진 특성 위에 하늘의 속성이 덧입혀지는 것입니다. 다만 이 땅에서의 죄와 죽음으로 인한 저주의 흔

적들은 완전히 치유된 몸일 것입니다. 토마스 아퀴나스$^{\text{Tommaso d'Aquino, 1224(?)~1274}}$는 이것을 두고 '몸은 같은데 속성이 바뀌는 것'이라고 말했습니다.

> (고전 15:53) 이 썩을 것이 반드시 썩지 아니할 것을 입겠고 이 죽을 것이 죽지 아니함을 입으리로다

예수님은 하나님의 천사들과 같이 영광스럽게 변모할 것이라고 말씀하셨습니다.

> (마 22:30) 부활 때에는 … 하늘에 있는 천사들과 같으니라

부활의 때에 우리는 이 땅에서 존재했던 생노병사^{生老病死}의 육체가 아닌 새로운 몸을 입게 될 것입니다.

> (고전 15:49) 우리가 흙에 속한 자의 형상을 입은 것 같이 또한 하늘에 속한 이의 형상을 입으리라

부활한 몸은 썩지 않을 몸입니다.

> (고전 15:42) 죽은 자의 부활도 그와 같으니 썩을 것으로 심고 썩지 아니할 것으로 다시 살아나며

부활의 몸은 병들거나 노쇠하지 않는 강한 몸입니다.

> (고전 15:43) 욕된 것으로 심고 영광스러운 것으로 다시 살아나며 약한 것으로 심고 강한 것으로 다시 살아나며

부활의 몸은 성령에 의해서 변화되고 성령에 완전히 통제받는 신령한 몸입니다.

> (고전 15:44) 육의 몸으로 심고 신령한 몸으로 다시 살아나나니 육의 몸이 있은

즉 또 영의 몸도 있느니라

부활 이후에는 시집가고 장가가는 일이 없기 때문에 자녀 출산도 없을 것이고 천국 인구의 증가도 없을 것입니다.

(눅 20:35) 저 세상과 및 죽은 자 가운데서 부활함을 얻기에 합당히 여김을 받은 자들은 장가 가고 시집 가는 일이 없으며

이것은 인간의 몸만 아니라 피조 세상에 대해서도 같은 차원으로 이해되어야 합니다.

(계 21:1) 또 내가 새 하늘과 새 땅을 보니 처음 하늘과 처음 땅이 없어졌고 바다도 다시 있지 않더라

새 하늘과 새 땅이란 원 창조의 세상이 완전히 파괴되고 저 하늘 위의 어떤 새로운 공간으로 이주하는 것이 아니라 몸이 부활하듯 새 하늘과 새 땅으로 변모시킬 것으로 보아야 합니다. 다만 새 창조의 세상은 죄와 죽음과 그 증상들이 가진 허무함에 굴복하지 않는 세상이 될 것입니다. 이런 점에서 새 창조는 창조의 완성이 될 것입니다.

(롬 8:21) 그 바라는 것은 피조물도 썩어짐의 종노릇 한 데서 해방되어 …

심판

논리적 순서에 따르자면 부활 이후에 있을 그리스도의 심판에 대해 설명해야 하는데 이에 대해서는 사도신경 7문장 "거기로부터 살아 있는 자와 죽은 자를 심판하러 오십니다"라는 내용에서 이미 살펴보았습니다.

영생

헬라어에는 '생명'을 뜻하는 단어가 두 개입니다. '비오스'^{βίος}라는 단어는 '생물학적 수준의 생존'을 의미하고, '조에'^{ζωή}라는 단어는 '모든 충만함 가운데 있는 생명, 생명력으로 풍성한 생명'을 의미합니다.

성경이 우리에게 약속한 영생은 죄성 안에서 죽음과 저주에 억눌려 겨우 살아남아 생존하는 "비오스"의 생명 연장이 아니라 죄와 저주, 죽음과 고통을 다 극복한 "하나님의 생명력으로 충만한 삶", 즉 "조에"가 충만한 삶입니다.

> (요 10:10) 도둑이 오는 것은 도둑질하고 죽이고 멸망시키려는 것뿐이요 내가 온 것은 양으로 생명을 얻게 하고 더 풍성히 얻게 하려는 것이라

우리가 믿는 "영생"은 단순히 '시간을 넘어서서 존재하는 것'이 아니라 '생명의 삶', 즉 "하나님과 함께 하는 천국에서의 삶"입니다.

> (계 21:2) 또 내가 보매 거룩한 성 새 예루살렘이 하나님께로부터 하늘에서 내려오니 그 준비한 것이 신부가 남편을 위하여 단장한 것 같더라

그 삶은 이 땅에서의 "사명을 다한 후에 누리게 되는 기쁨의 삶"입니다.

> (히 12:2) 믿음의 주요 또 온전하게 하시는 이인 예수를 바라보자 그는 그 앞에 있는 기쁨을 위하여 십자가를 참으사 부끄러움을 개의치 아니하시더니 하나님 보좌 우편에 앉으셨느니라

그 삶은 "하나님께서 우리를 귀히 여겨 준비하신 처소에서의 삶"입니다.

> (요 12:26) 사람이 나를 섬기려면 나를 따르라 나 있는 곳에 나를 섬기는 자도 거기 있으리니 사람이 나를 섬기면 내 아버지께서 그를 귀히 여기시리라

우리가 누리게 될 삶은 "예수님의 영광으로 가득한 삶"입니다.

(요 17:24) 아버지여 내게 주신 자도 나 있는 곳에 나와 함께 있어 아버지께서 창세 전부터 나를 사랑하시므로 내게 주신 나의 영광을 그들로 보게 하시기를 원하옵나이다

천국의 본질은 예수님과 완전히 연합한 삶입니다. 시공간의 창조 세계 안에 사는 우리에게 '영원함'이라는 것은 시공간 안에서 계속 존재하는 것을 의미하지만 참된 영원함은 '시공간 너머의 존재'라고 말해야 할 것입니다. 우리가 누리게 될 영생은 하나님의 영역에서 하나님과 함께하는 삶이 될 것입니다.

영생의 삶

'육체로 다시 살아난다'는 것과 '죽지 않고 영원히 산다'는 점에서는 신자나 불신자가 동일하지만 어떤 상태에서의 영원한 삶인가? 하는 점에서는 신자와 불신자는 완전히 다릅니다. 하나님을 모르는 사람들, 하나님을 믿지 않는 사람들은 '영원한 멸망의 형벌' 가운데서 영생해야 합니다.

(살후 1:8~9) 8 하나님을 모르는 자들과 우리 주 예수의 복음에 복종하지 않는 자들에게 형벌을 내리시리니 9 이런 자들은 주의 얼굴과 그의 힘의 영광을 떠나 영원한 멸망의 형벌을 받으리로다

불신자가 들어가게 될 영원한 삶은 기쁨과 영광이 아니라 형벌의 고통 가운데서의 영생입니다.

(마 25:41) … 저주를 받은 자들아 나를 떠나 마귀와 그 사자들을 위하여 예비된 영원한 불에 들어가라

웨스트민스터 대요리문답 89문에서는 "심판 이후에 불신자들에게 있을 일"에 대하여 이렇게 가르칩니다.

> 문: 심판 날에 악인들에게는 무슨 일이 일어날 것입니까?
> 답: 심판 날에 악인들은 그리스도의 왼쪽에 세워질 것이고, 확실한 증거와 그들 자신의 양심의 충분한 확증에 근거하여 두려우면서도 공평한 정죄의 선고가 내려질 것입니다. 그리고는 은혜로우신 하나님의 임재와 그리스도와 그분의 성도들과 그분의 모든 거룩한 천사들과의 영광스러운 교제로부터 쫓겨나 지옥으로 던져져서 몸과 영혼 둘 다 마귀와 그의 천사들과 함께 말할 수 없는 고통의 형벌을 영원히 받을 것입니다.

그러나 신자들의 영생은 차원이 다릅니다. 천국에서의 존재 방식을 우리가 확실히 알지는 못하지만 성경은 그곳에서의 삶에 대해서 이렇게 말합니다.

> (계 21:3~4) 3 내가 들으니 보좌에서 큰 음성이 나서 이르되 보라 하나님의 장막이 사람들과 함께 있으매 하나님이 그들과 함께 계시리니 그들은 하나님의 백성이 되고 하나님은 친히 그들과 함께 계셔서 4 모든 눈물을 그 눈에서 닦아 주시니 다시는 사망이 없고 애통하는 것이나 곡하는 것이나 아픈 것이 다시 있지 아니하리니 처음 것들이 다 지나갔음이러라

우리가 죽음, 부활, 심판을 넘어 영생에 이르게 될 때 하나님께서는 그리스도를 믿어 하나님의 자녀가 되고 천국의 상속자가 된 우리를 천국이라 일컫는 하나님의 영역에서 그리스도와 같이 취급하실 것입니다.

> (빌 3:21) 그는 만물을 자기에게 복종하게 하실 수 있는 자의 역사로 우리의 낮은 몸을 자기 영광의 몸의 형체와 같이 변하게 하시리라

천국의 삶이라 일컫는 영생에 이르게 되면 우리도 만국을 다스리는 권세를 가지게 될 것입니다.

(계 2:26) 이기는 자와 끝까지 내 일을 지키는 그에게 만국을 다스리는 권세를 주리니

(벧전 1:4) 썩지 않고 더럽지 않고 쇠하지 아니하는 유업을 잇게 하시나니 곧 너희를 위하여 하늘에 간직하신 것이라

천국의 삶이라 일컫는 영생에 이르게 되면 하늘의 존재인 천사마저도 우리가 판단하게 될 것입니다.

(고전 6:3) 우리가 천사를 판단할 것을 너희가 알지 못하느냐 …

천국의 삶이라 일컫는 영생에 이르게 되면 우리 역시 존귀한 보좌에 앉게 될 것입니다.

(계 3:21) 이기는 그에게는 내가 내 보좌에 함께 앉게 하여 주기를 내가 이기고 아버지 보좌에 함께 앉은 것과 같이 하리라

웨스트민스터 대요리문답 90문에서는 "심판 이후에 신자들에게 있을 일"에 대하여 이렇게 가르칩니다.

문: 심판 날에 의인들에게는 무슨 일이 일어날 것입니까?
답: 심판 날에 의인들은 구름으로 그리스도에게로 끌어올려져 그분의 오른쪽에 세워질 것이고, 거기서 공개적으로 인정을 받고 무죄 선고를 받으며, 그리스도와 함께 버림받은 천사들과 사람들을 심판할 것입니다. 그리고 하늘로 영접되어 모든 죄와 비참으로부터 완전히 그리고 영원히 자유하게 될 것이며, 셀 수 없이 많은 성도들과 거룩한 천사들의 무리

가운데서, 특히 성부 하나님과 우리 주 예수 그리스도와 성령을 영원토록 직접 보고 즐기면서, 상상할 수 없는 기쁨으로 충만하게 될 것입니다.

이것이 보이지 않는 교회의 회원들이 부활과 심판 날에 그리스도와 함께 영광 중에 누릴 완전하고 충만한 교제입니다.

영생은 영원한 생명이신 하나님께서 우리에게 주시는 선물입니다. 예수님을 구세주로 고백하는 그 순간부터 영원한 생명은 우리에게 주어졌습니다. 그리고 그 영원한 생명이 지금도 우리에게 작동하고 있으며 완전한 생명의 삶으로 이끌어 갈 것입니다. 지금은 그 생명이 없는데 죽고 나서 받는 것이 아니라 지금부터 누리고 있는 생명력이 완전해지고 충만해지는 것입니다. 이에 대해 이승구라는 신학자는 이렇게 설명했습니다.

> 하나님께서 이루시는 구원은 본래의 창조하신 상태로 인간을 되돌려 놓는 것 정도가 아니라, 그 창조의 상태에서 하나님께 대한 온전한 순종을 통해서 마땅히 이르리라민 하는 더 높은 상태 the higher state 로 인간을 올려놓는 것이다. 따라서 구원은 창조를 무시하고 이루는 것이 아니라, 창조가 궁극적으로 지향하던 것으로 우리를 인도하는 것이다. 그러므로 창조된 인간이 영육 통일체의 인간이라면, 온전히 구원된 인간도 영육 통일체의 온전한 인간이지 않을 수 없다. 그리고 온전히 구원된 인간은 최초의 창조된 인간보다 더 높은 단계에 이른 사람인 것이다. 그러므로 우리의 온전한 구원은 몸의 부활을 포괄하는 것이다. 그렇지 않으면 하나님의 창조가 파괴된 채로 구원이 이루어지는 것이라고 하지 않을 수 없다. 하나님께서는 창조의 의도가 죄로 인해 파괴된 것을 고치시되 온전히 고치실 뿐 아니라, 더 높은 상태로 그것을 옮기셔서 고치시는 것이다.[18]

이승구, 「사도신경」, SFC, p.352

영생이라는 주제에 초점을 두고 보면 사도신경은 영생의 길에 대한 안내문이라고 말할 수 있습니다.

몸의 부활과 영생을 얻으려면 어떻게 해야 합니까?
→ 스스로 죄인임을 인정하고 하나님 앞에서 죄 사함을 받은 후 성도가 되어야 합니다.

죄 사함 받은 성도가 된다는 것은 어떤 의미입니까?
→ 거룩한 교회 공동체의 일원이 된다는 것입니다.

어떻게 해야 거룩한 교회 공동체의 일원이 될 수 있습니까?
→ 성령 하나님의 인도하심을 받아야 합니다.

성령의 인도하심을 받으면 어떻게 됩니까?
→ 예수님을 하나님의 아들 그리스도로 믿어 하나님의 자녀로 거듭납니다.

하나님의 자녀가 되어 얻는 구원은 어떤 것입니까?
→ 몸의 부활과 영원한 생명입니다.

이것이 성경에서 말하고 있고, 사도신경이 요약하고 있는 영생의 길입니다.

하이델베르크 요리문답 58문은 "영원히 사는 것"에 대하여 이렇게 가르칩니다.

문: "영원히 사는 것"은 당신에게 어떠한 위로를 줍니까?
답: 영원한 기쁨의 시작을 지금 내 마음으로 느끼고 있으니, 이 생명이 끝난

> 이후에는 내가 눈으로 본 적도 없고 귀로 들은 적도 없으며 사람이 마음으로 생각한 적도 없는 완전한 복락을 소유하게 될 것이며, 그 가운데서 영원토록 하나님을 찬양하리라는 것입니다.

아멘

믿음은 고백 되어야 하고 고백 된 믿음이 참된 믿음입니다. 우리의 신앙은 마음으로만 믿는 것으로 끝나서는 안 되고 마음으로 믿은 것을 입으로 고백해야 합니다.

(롬 10:10) 사람이 마음으로 믿어 의에 이르고 입으로 시인하여 구원에 이르느니라

사도신경은 우리의 믿음을 마음으로 믿고 입으로 고백하기 위해 만들어졌습니다. 그 고백도 각 개인의 주관적인 고백에 머무르지 않고 하나님의 자녀된 그리스도인들의 공농 고백문으로 만들어졌습니다.

'나는 믿습니다'라는 문장으로 시작한 사도신경은 '아멘'으로 끝을 맺습니다. '아멘'이란 "참으로 그러하다, 진실하다, 그대로 될 것이다"라는 의미로써 사도신경의 모든 고백에 동의한다는 선언 혹은 선서의 의미를 담고 있습니다.

그렇습니다. 사도신경을 믿으면 구원받습니다. 그러나 사도신경이 성경의 모든 내용을 다루는 것은 아닙니다. 사도신경을 믿는 것이 매우 중요한데 사도신경을 어떻게 믿느냐 하는 것은 더 중요합니다.

로마 가톨릭은 사도신경을 고백하지만, 내용에 대한 이해가 우리와 다르고,

침례교는 공적으로 사도신경을 고백하지 않지만 사도신경의 내용을 우리와 같은 이해 안에서 신앙고백으로 받아들입니다. 그래서 사도신경을 고백하지 않는 침례교회와는 연합이 되지만 고백하면서도 다르게 이해하는 로마 가톨릭과는 연합하기 힘든 요소가 많습니다. 어거스틴은 이렇게 말했습니다.

"사도신경은 간결하고 장엄한 신앙의 규범이다. 단어의 수는 간결하나 문장의 무게는 장엄하다."

세상 논리와 우상이 가득한 세상 속에서 사도신경의 내용들에 "아멘"이라고 응답하는 것, 이 내용을 자신의 신앙으로 고백하는 것은 내가 바로 그리스도인이라는 것을 드러내는 증거이며 공적 신앙고백입니다. 사도신경을 함께 고백함으로 모든 구성원이 하나의 사도적 믿음을 가진 거룩하고 보편적인 공교회에 속한 공동체이어야 합니다.

그리스도인들은 무엇을 믿는 사람들입니까? 부활과 영생을 믿는 사람들입니다. 오늘 이 땅을 사는 내 모습이 너무 초라하고 볼품없이 느껴진다고 한다면 세상 마지막 날 주어질 영광스럽게 변화될 몸의 부활과 영생을 소망하면서 오늘을 믿음으로 살아야 할 것입니다.

(고전 15:57~58) 57 우리 주 예수 그리스도로 말미암아 우리에게 승리를 주시는 하나님께 감사하노니 58 그러므로 내 사랑하는 형제들아 견실하며 흔들리지 말고 항상 주의 일에 더욱 힘쓰는 자들이 되라 이는 너희 수고가 주 안에서 헛되지 않은 줄 앎이라

사도신경의 믿음의 고백 안에서, 부활과 영생의 소망 안에서 주님과 동행하는 성도 여러분을 축복합니다.